讓我陪你等家

來自浪浪別哭的領養故事，
終養不棄養的無悔約定

目錄

CHAPTER 1 緣起・想給浪浪們一個家

CHAPTER 2 浪浪送養挫折的案例

CHAPTER 3 浪浪送養成功的案例

CHAPTER 4 同心協力才能幫助更多浪浪

浪浪別哭

作者序

中途五年多的日子以來，最令人沮喪的就是時不時的就會遇上「退養」，就算事前做了各種審核和提醒，都還是很難百分之百預防。各種的棄退養事件每天在這個社會的角落不斷發生，而且感覺只有更多沒有減少……。這本書想好好正視及探討這樣的問題爲什麼會不斷發生？

常在思考，若把這世界上的人粗分爲四類：

一、討厭狗貓的
二、對狗貓無感的
三、把狗貓當玩具或當工具的
四、還有喜愛毛孩想有毛孩作伴的

碰過的案例多了，往往會發現，其實棄退養狗貓的永遠都不是第一和第二種人。惡意棄養者有很多是第三種把貓狗當工具玩具的人，也會有小部分棄養者和大部分退養者是屬於第四種人。

而我們想探討的是第四種人，那些「原本出發點良善，喜歡貓狗的人」，最後爲什麼會變成了可憎的棄退養者？如果你是正想養狗養貓的人，請你務必要看看本書裡頭談到的問題和徵兆。

如果有，請三思再三思，千萬小心「不要讓你的愛，變成了阻礙」。

浪浪別哭闆娘 譚柔

CHAPTER 1

緣起・想給浪浪們一個家

領養浪浪，就像是迎接一位新的家人到家裡，需要磨合與彼此適應。領養，不只是一個動詞而已，必須先了解後面承載的是一個有情緒的珍貴生命。對於浪浪們來說，牠們眼中的你，是牠生命中的唯一，但你與自己的家人，真的準備好了嗎？

因爲狗，改變了我的人生！

愛狗是與生俱來的天性

一個人的喜好、習慣、說話處事方式，很多都是來自家庭。

例如：我喜歡吃肉，不喜歡吃菜，因爲從小爸爸也是這樣偏食，有樣學樣；例如：我喜歡丟東西，不喜歡在家裡堆著很多用不到的東西，因爲我媽總說「東西不丟，家怎麼整理得乾淨？」

但喜歡狗這件事，卻是以生俱來的，沒有一丁點來自家族遺傳。不過卻從有印象以來，就發自內心的覺得狗爲什麼這麼可愛！

國小時，常看著同學們風靡著一些流行事物，像是烹飪、打毛線、畫漫畫，但總覺得這些都無法吸引我。待年紀更大些後，朋友們開始瘋化妝品、名牌，但卻還是沒有一項能讓我心動⋯。漸漸地，我發現自己是一個沒有什麼興趣和嗜好的無聊女人。

唯有「狗」能讓我發自內心愛。

我一直覺得，上帝在這世界上最美好的創造物是「狗」，而「狗」也是天父派來讓我們更了解祂的小小使者。

愛狗，就像是上帝造我時內建的天性。

上帝如此美好良善的心意，創造了狗，讓狗兒無怨無悔地在身邊陪伴著人類、感受最純粹無暇的愛，而人類，是如何對待狗呢？

與第一隻狗狗相遇

記得國小三四年紀開始，放學不再有大人接送，回家這條路程，成為了我每天獨自大冒險的時刻，從那時候開始，我常常在路上遇到狗，也經常順手就把狗撿回家。

但當時，爸爸媽媽的加工廠的事業才剛起步，加上家中又有大我三歲的哥哥以及小我一歲的弟弟，每天事情多到已經焦頭爛額的他們，當然不可能讓我養狗……。

而撿回來的狗兒們，也總是在隔天後離奇失蹤，當時年紀幼小的我，壓根沒想過那些狗是何去何從⋯現在回想起，才知道當時流浪狗的問題有多嚴重，明明是城市中人來人往的熱鬧道路，卻能讓幼小的我時常撿到狗⋯。

但父母的拒絕也無法阻止我的撿狗行動，像這樣他丟我撿，他丟我藏的過程持續了四五年之久，就在國二的那一年，也是父母決定將事業遷移大陸並離開我們的那一年，終於讓我留下了一隻狗。

遇見他的那一天，是在某天放學的路上，當時走在回家路上的我，見到一個小小的黃色身影，一溜煙地溜到停車路邊的汽車底下，多年的撿狗經驗告訴我：那絕對是一隻狗。

我反射動作的立刻雙膝跪地，壓低身子好奇地往車底下望，狗兒看起來有點驚訝，有點緊張，但揮揮手叫他過來，他卻也乖乖的配合，緩緩地靠了過來。我也就順勢一把抱著，一如往常地把他帶回家，也一如往常地準備被父母拒絕，準備隔天再次因爲狗兒不見而心碎大哭。

但⋯沒想到，這次爸媽卻說：「就把他留下來養吧！」

還記得當下，眞的很懷疑自己的耳朵到底有沒有聽錯！？就這樣～我終於有了生平第一隻狗狗，他的名字叫球球。隨著球球加入我們家，撿狗的行動也正式被劃上休止符，但…我仍覺得路上怎麼還是這麼多這麼多的流浪狗…。

而且隨著年紀增長，我明白，他們不只是路邊的可愛小狗，更是在路上流浪且無家可歸的可憐小狗…。但我卻什麼都不能再做…因爲家裡已經沒有空間也沒有能力再養更多的狗…。

人生改變很多，但不變的是愛狗

國二那年，當時台灣經濟起飛，爸媽經營的小代工廠的人力成本節節高升，決定遷廠外移到中國大陸，這也代表，往後的日子，爸媽不能再每天見面⋯。

現在回想起來，才明白爲什麼會是在那一年，父母願意讓我留下撿回來的狗，我想，是希望球球能代替他們陪伴我吧。而球球眞也不辜負大人期待，忠心地陪伴著我成長的每一天。

國中畢業，高中畢業，第一次談戀愛，第一次因爲交往三年的男朋友劈腿而低潮到快得憂鬱症，每天看什麼都不對，看誰都不順眼，動不動就掉眼淚，情緒起伏大到像一顆定時炸彈那樣隨時準備爆發。

還記得當時身邊最好的朋友告訴我：「我覺得妳變了，妳不是我喜歡的那個樂觀開朗的譚柔了」，從那天起，這位好朋友也離我遠去，拒絕靠近我，因爲不想被充滿負能量的我影響⋯。

在當時很需要朋友或家人陪伴的時候，我以爲我身邊一個人都沒有，但低下頭，卻發現球球他從來沒有離開過。無論我高興，我難過，我朋友多到忘記他又或者朋友都離開我，但，球球，永遠在原地守候著我，毫無條件地愛我。

這，就是狗。

世界上最美好，最值得用盡全心、全力去深深愛他的生物——狗。

往後的十幾年時間，我經常被低潮情緒困擾著，也嚴重了影響生活，家人不在身邊，朋友也來來去去，眞的只有狗兒從來不曾離開我。雖說狗兒也治癒不了我的心病，但卻能說他們是我活下去的動力。

因爲在狗兒的世界裡，我是他們的唯一。

某年，因緣際會下、進了教會認識了上帝，我才知道原來狗眞的是神派來我身邊教我懂他、教我懂愛的小天使。上帝和狗，他們很像，就像有一首形容上帝和狗的歌是這麼唱的：

I look up and I see God
我抬頭望看見了上帝
I look down and see my dog
我低頭看看見了我的狗
Simple spelling GOD
簡單的拼字GOD
Same word backwards DOG
相同的字反過來是DOG
They would stay with me all day
他們想整天跟我在一起
I'm the one who walks away
我卻是走開的那一個人
But both of them just wait for me
但是他們都是一樣在等著我

and dance at my return with glee
在我返回時高興的跳著舞

Both love me no matter what
無論如何他們都喜歡著我

Divine God and canine mutt
神聖的上帝和狗傢伙

I take it hard each time I fail
每次我出問題，我感到艱苦

But God forgives dog wage his tail
但是，上帝原諒了我，而狗兒仍搖著尾巴

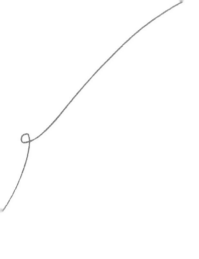

God thought up and made the dog
上帝想像著並創造了狗

dog reflects a part of God
狗反映出上帝的一部份

I've seen love from both sides now

我從雙方看見了愛

I'ts everywhere…Amen…Bow…Wow…

到處都充滿了愛…阿們..Bow…Wow…

I look up and I see God

我向上看，看見了上帝

I look down and see my dog

我向下看，看到我的狗

And in my human frailty

在我脆弱的人性裡

I can't match their love for me…

我實在配不上他們對我的愛…

因著上帝如此美好良善的心意，祂創造了狗，讓狗兒無怨無悔地在身邊陪伴著人類、感受最純粹無瑕的愛，也讓我更能體會上帝的愛，因爲狗。

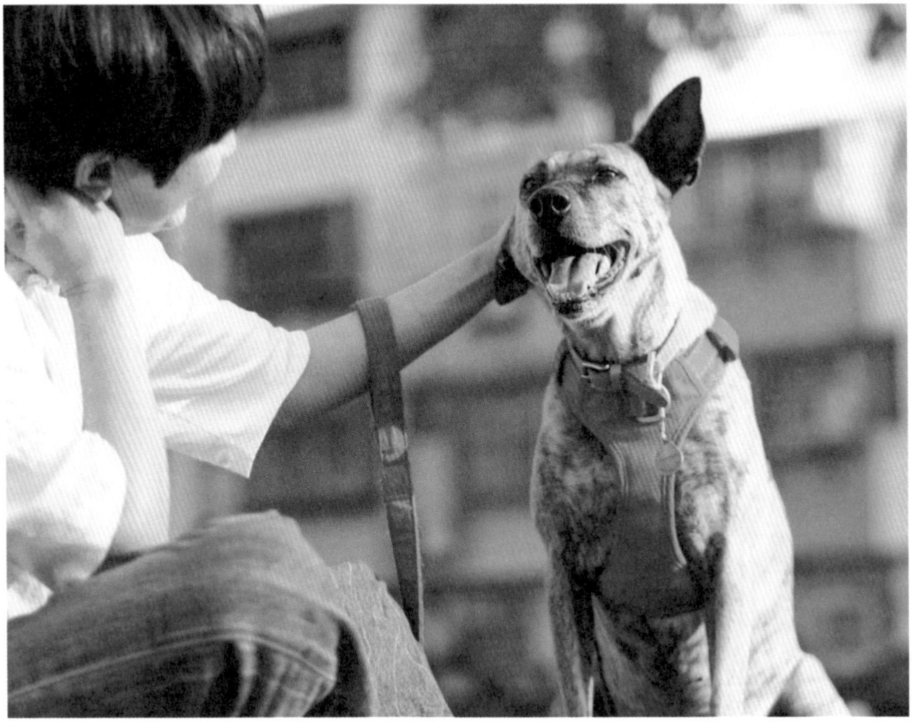

想照顧更多毛孩，而有了「浪浪別哭」

自從國二那年養了球球之後，我就沒辦法再養其他的狗了。然而，在路上卻還是經常遇到流浪狗⋯⋯看在一個愛狗人的眼裡，感覺就像是海風把塵沙吹進了眼睛裡，那樣令人感到不舒服，令人感到疼痛。

但我不能不出門，也不能戳瞎自己的眼睛，我只能說服自己要向現實低頭，也漸漸學著麻痺自己的心，不要再去亂看這麼多⋯⋯，我只能回家，好好多些時間陪陪自己的狗，更疼愛自己的狗，我能做的只有這麼多。

直到要結婚安定下來的那一年，我和老公即將能擁有一棟屬於自己的房子，有一個能夠完全屬於我們的空間，我才和他提議，我們來當「家庭中途」好嗎？

自從有了這個念頭後，我們開始上網了解各種關於流浪動物的資訊，也去了解成爲家庭中途可能會遇到的問題，才發現流浪狗眞的很多，而一隻沒有品種的流浪狗要被大衆看見，眞的是一件很困難的事情。如果中途在家裡，往往遇到的狀況是「因爲缺乏曝光和管道不開放」而長久送養不出去，最常看到的就是中途家庭自己收編，再不然就是經過漫長等待後送養國外。

在想成爲家庭中途的這個時候，我們同步在尋覓新婚後要住的房子，也因此遇見了第一間「浪浪別哭」的老屋。它是一座有五十年歷史的透天老屋，兩層樓加起來只有二十坪的大小，座落在台北車站附近一條非常不起眼且根本沒有人會走過去的小巷弄中。看到這房子的第一眼，不曉得爲何，讓我想起了流浪動物的處境，就好似這棟隱藏在城市小巷中，同樣那般的不起眼，那般會令人遺忘⋯⋯。

這屋子，觸發了我心裡出現一個想法，若把這裡改建成現今大家都最喜歡去的咖啡館，然後我們用這裡的空間，收留幾隻無家可歸的流浪狗貓，讓想領養的人來這裡跟他們互動，不知道會怎麼樣？

說也誇張，現在回想起，眞不知道當初打哪裡來的勇氣，我們就立馬放棄了買新房的念頭，把這筆購屋頭期款用來打造了浪浪別哭（剛好也沒受到任何人阻擾）就此開啓了往後每一天與狗貓一起生活的中途生涯。

「浪浪別哭」是米克斯的獨家伸展台

其實也不是一開始，店裡就全部都是米克斯，記得剛開始中途生涯的時候，擁有多年經驗的愛媽怕我們送養一開始就受挫，還貼心選了品種狗帶來給我們，兩隻體型嬌小，外型可愛的品種狗都不到一週內就順利被領養，反觀，同期進來等家的米克斯「班班」乖巧溫馴，卻因爲沒有品種，一個詢問的人都沒有⋯。

米克斯眞的很慘，記得有一次有位領養人在路邊救援一隻貴賓狗，隨卽帶她去醫院掃晶片，發現沒有主人後，替她作了初步的血液檢查，得知道她身體健康而且才一歲左右，這名領養人在他們社區群組上發佈協尋訊息，立卽就有好幾組人積極私訊表示想要領養⋯。

他們連那隻狗是怎麼樣的個性都不淸楚，只因爲有品種又是年輕狗，就一窩蜂爭取領養。我們也曾經看過，收容所內有年輕品種犬開放認養，大家爭先恐後大排長龍，人多到還要抽號碼牌的實際事件。

就在這個時候，我意識到了米克斯（也就是混種狗、土狗）是多麼的弱勢⋯。

而放眼望去收容所、狗園亦或者路邊，找不到家的也都是米克斯⋯⋯。

了解這狀況後，我們就和當時配合的愛媽說，品種狗你們就留著自己送養，品種動物能找到家的機會比米克斯來說眞的多很多，而我們這裡，就留給米克斯，因爲比起其他的狗，他們更需要曝光以及讓人與他們互動，去更認識他們。

而這個決定，也讓我們往後的每一次送養上都遇到了很大的困難，因爲每一隻狗貓，我們不光只是照顧，也需要花費大量的時間以及絞盡腦汁，替他們拍送養照、寫送養文、製作送養影片，一篇又一篇，直到他們找到家的那一天，如果停止不做，中途的動物幾乎可以說是都「不會動」（也就是不會被領養）。

而我們爲了保持餐廳、動物及照顧者本身的生活品質，創立浪浪之初，我們就立下了同時間只收「三隻狗、八隻貓」的規則，送出一隻才能再帶一隻回來。也藉此督促自己，想要幫更多浪浪，那就要更努力讓店裡的這些動物快快回家。

在開「浪浪別哭」之前，我從事廣告設計業，每天做的工作內容大都是幫客戶的公司或者商品找出亮點，用讓人容易接受的方式去販賣商品給目標族群，當然時常也會有我根本對這商品無感，但還必須替他做廣告的窘境。

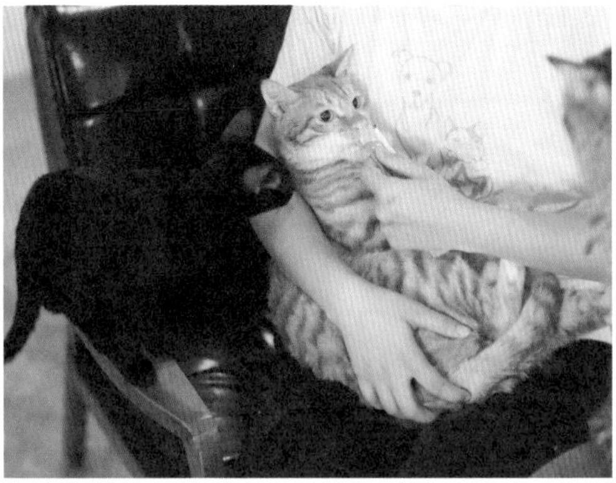

而在推銷貓狗的時候，也時常會遇上類似的困難：接觸大量的狗之中，也時常會遇見那種一點特色都沒有，個性也不特別突出，更慘的是行為還有大問題的動物⋯。這時候，要怎麼樣去推銷他們，又要怎樣能替他們找到合適的主人，變成我們這四年來每一天的課題⋯也變成伴隨著我每一天的煩惱。

只要狗貓住超過一個月沒找到家，我就會開始焦慮，心想我們怎麼這麼沒用⋯這麼多人在照顧一間店，卻沒辦法幫他們找到家⋯四年過去了，這個煩惱每天都存在而且不會停止⋯。

但若你問我，有沒有後悔立下規則只收米克斯，我會說：「沒有。」，因為這世界對他們的不公平和歧視，我們只能這樣盡一點心力，希望大家能藉由這樣的平台去看到他們。

雖然這決定讓送養變得更難，但很值得。

很多客人來這裡，都會指著店裡等家的動物問：「請問，這是什麼品種？」我們都會趁機會教育民眾，這是「米克斯」，也就是土狗、混種狗、沒有品種的狗，也是最難等到家的狗，但他們更需要一個地方能看見他們，所以我們這裡都是這樣的狗貓。

是的，「浪浪別哭」中途咖啡館，就是專屬米克斯的獨家伸展台！

中途咖啡館遇上的各種困難

這是一個考古題，很多人都會問我們，經營一間這樣的餐廳會遇到什麼樣的困難？但其實我總是不知該如何回答，原因是在開「浪浪別哭」前，我們也沒任何開餐廳或者照顧大量動物的經驗能夠做比較，而且同行和先例也不多，因此不太明白遇到的困難到底是不是困難？

而且創立浪浪之初，就設定這會是一間有流浪動物來來去去的咖啡館，一開始就是一個很複雜的設定，事後很多人問我們怎麼敢這麼做，想想後我只能回答：「說眞的，當時根本沒想這麼多」，也就是因爲把事情都想得很簡單，所以才敢去做。當然經營一間這樣的店，前無古人後無來者，沒有什麼書籍或者範例可以依循，所有的事情都無法預期，都是要等遇到了以後再去摸索。

困難之一：客人不懂得尊重動物

首先，會發現許多人其實不懂得「如何尊重動物」，來這邊的心態就是要玩

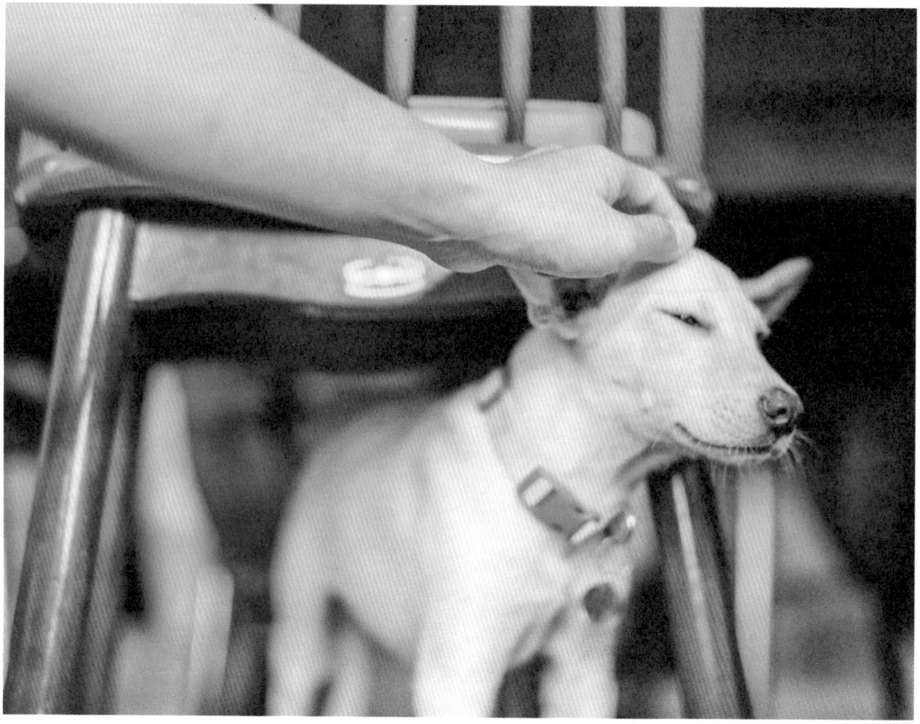

動物…。這種現象尤其在寒假暑假會出現得最多，因爲暑假學生多，人潮多了很多，隨之而來的是負評也多了很多…。

記得有次看到有個評論寫說：「所有的寵物都在貓咪休息區，客人們超安靜，因爲有客人試著想逗弄睡眼惺忪的貓咪，被店員阻止，悻悻然回座位跟男朋友和其他桌的客人大眼瞪小眼，因爲也沒餐可吃，坐在那邊眞的很、可、笑。」

近期還收到工作人員回饋：暑假開始後有些客人被制止吵動物睡覺，甚至會在旁邊拍打地板把動物嚇醒後說：「他們沒在睡覺了！」

也因爲暑假的關係，小孩多了很多，然而有些父母帶孩子來店裡也沒好好看著：就讓孩子追跑或者離開自己視線、用自己的方法跟動物粗魯地互動…。這種種的種種弄得工作人員除了照顧動物、出餐和服務以外，多了更多的事情必須提醒、制止和管理…。

有些人說：「何必管這麼多？難得來一趟，就是想跟動物互動，他們都在睡覺，怎麼互動、怎麼拍照？」

但，有沒有想過，對浪浪來說：他們從早到晚能待的地方只有這裡，如果每隔兩小時就有一批新的客人進入，把他們吵醒要玩耍、要拍照，若換作在這等家的是客人自己，將會作何感受？

也有夥伴問過：能不能直接禁止帶十二歲以下的小朋友？這樣一來才能減輕工作人員在工作上的負擔，提升更好的服務品質。

但，有沒有想過，我們始終沒禁止，是因爲希望能提供給父母好好教導孩子：「如何用正確的方法與貓狗們互動，藉此更懂得尊重生命！？」

雖然，總是事與願違；即使，執行眞的很困難，但我們會繼續努力維護，並且持續去做我們心中認爲正確的事情。就算客人可能因此不開心，上Google評論給個一顆心，但我們依然希望並且同時「要求」來的每一個人，都能學習給予動物「應有的尊重」。

浪浪最大，永遠是我們不變的初衷。

困難之二：我們是社會企業不是慈善事業

在店面時常也會遇到有人直接抱著撿到的貓狗，或者不要的貓狗過來，希望我們能接手收下，但眞實的狀況是，我們這裡不是收容所，並沒有這樣的資源能隨時接受這樣的需求。

很多人會問，我們在這條路上覺得最困難的事情是什麼？

我想我會回答：「被綁架，每天都被不同原因綁架」，像是「愛心綁架」、「道德綁架」等等。例如：

「浪浪別哭工作人員你好，我想請問你們還有空間能再收養狗狗嗎？因爲我現在要去當兵了，然後家人也不方便幫我照顧狗狗，如果可以的話想麻煩你們幫我照顧一年半，等我當完兵，找到住處與工作會再把他接過來。」

「哈囉，我帶女兒去過你們的店，覺得你們那邊環境很好，我們家有一隻貓咪，公婆不讓我養，請問我可以把貓咪帶過去你們那嗎？我想這樣以後我還可以去你們店看到他，我會經常消費當作回報的！」

也曾經因爲拒絕對方而遭對方以白眼貼圖回應，或者發現他在其它版上留言暗指某中途咖啡廳老是把自己說得多有愛心，結果找他們幫忙根本不會幫！

又或者在店裡時常遇到只想進來「參觀」，而不願低消的客人，當我們跟對方說明：「不好意思，我們沒有開放參觀，入內就會需要低消喔！」還曾聽過不少這樣的回答：「哇！你們不是很有愛心嗎？！我只是想要來看狗看貓，還要花錢喔！」

還遇過那種想跟我們開一樣的店，就私訊：「哈囉！我想在那裡開一間跟你們一樣的店幫助流浪動物，我想跟你們約個時間，過去請教你們一些經營和財務上的問題可以嗎？」

各式各樣的要求，讓二〇一五年剛開店的我們一頭困惑，覺得心裡不太舒服，但也不懂怎麼拒絕，因爲大家好像都是爲了流浪動物好？而這些訊息卻從來不曾停過，還隨著開店的時間越長，收到的各樣訊息或提問更日漸增加⋯。

曾經有一段時間，每天看到訊息都會害怕，害怕的情緒是來自於完全不知道該如何應對和消化。

但爲了要能繼續走下去，我也開始好好去拆解自己的「害怕」。

首先，這些人老是用「假愛心」來指控我們所拒絕的事。但，事實是我們從沒有說過自己「有愛心」，開這間店的立意也從未有過要世人認爲我們是多慈悲善良的好人，在現實生活中也從未有人稱我爲「好人」，甚至會說我是個非常有「原則」和有「界線」的人，完全不存在任何一點點「鄉愿」的空間。

而追究爲何我們會開始成爲「中途」，原因只是出自於我們喜歡狗，認爲自己還有額外的能力再幫助「一些」狗。

部分的人看我們對流浪動物付出的行動，就自己判定了我們「很有愛心」也私自認定那麼「所有關於流浪動物的忙你都應該會幫！」（包括探問店內財務狀況）。當你不如他所想像，他就會說你是「假愛心！」而這一切都是出自於對方的想像⋯⋯。

我們就這樣，一直遇到一些素昧平生的人，對我隨意提出要求、又任意對我說出失望，一再不斷踩越我內心的界線、一再被他們口中的「愛心和道德」綁架。因此還一度分不清楚自己，以爲自己是錯的，我是不是不該拒絕別人的要求，因爲那就等於放棄救一隻浪浪⋯⋯。

經過自我調整與釐清之後，最終得出一個結論是，我在做我願意，且我能力範圍所能夠做的事，沒有人能有資格要我多做，而我也不應該覺得虧欠什麼，因爲我們早已做的比一般人還多。若要因此搞不清楚狀況而批評我們，那也不是我的問題，漸漸地我要求自己，不要再妄想每個人都該理解我、也不要希望每個人都要喜歡我。

針對流浪動物應接不暇的求援訊息，我也漸漸學著體諒，去理解許多人會這樣問是因爲他們「不懂」或「不知道」看見流浪動物不是像看見有需要幫忙的路人一樣，打個110或119就會有公家機關來處理。

社會的組織架構處處對人有完整的保障，遇到民事問題可以找警察、受了傷可以打電話到119，替人類找到家人來幫忙處理，因此打通電話是成立的，因爲眞的只需要「打通電話」。

但流浪動物的狀況則完全不是這樣，因爲他們沒有家人，沒有誰能來幫他們善後。通常，就會變成被求援的人要處理這隻動物後面的問題，但一隻浪浪被救援回來之後，他可能需要醫療、需要安置、需要社會化訓練，而且每隻浪浪狀況都不同，有時候中途只需要幾天，有時候可能動則幾年⋯甚至到老死⋯。

我看見無數心軟接手的愛爸愛媽，最後搞到滿屋子流浪動物，家人不體諒，並且搞得傾家蕩產、一年三百六十五天的生活通通被綁在那，每天睜開眼到閉上眼，耳邊聽到的都是狗叫聲、聞的都是屎尿味，不論是人與狗的生活都變得毫無品質可言。

從許許多多的前車之鑑，我相當明白要當一個「中途」，絕對要有原則、更不能心軟，因爲流浪動物永遠都救不完，而對於從來沒有停止過的求援訊息，我們則告訴大家，在台灣，流浪動物不是任何人的問題，但也是所有人的問題，若你想幫助浪浪，請你不是只動手指打電話，而是出錢或出力，一起幫助他！

困難之三：時常有措手不及的突發狀況

來到店裡生活之前的浪浪們，有的皮膚生病的、有的長得太不起眼、有的遲遲學不會基本規矩的…還有的是都沒什麼問題但卻遲遲找不到合適主人的，這些就是身爲中途咖啡館的我們，每天都會面對到各種五花八門的問題及困難。

像昨天深夜又收到台北店傳來的訊息，才剛到台北店報到不久的小王子這一直出現用嘴咬人的情況…（而且是認眞咬），誰也沒想到怎麼五個月大的孩子會出現咬人和低吼警示的行爲…。

爲了大家的安全著想，我們收到通知後，緊急在深夜裡做出安排，由台中平常配合的愛媽先接手小王子，近身一個月觀察小王子狀況，讓他規律作息和運動以及安排結紮，看看能不能減緩小王子咬人的情況後，再回到台中店由腦闆爸拔接手。

一連串的安排，是因爲我們自己要先了解怎麼照顧，因爲唯有了解與理解他，才有可能幫他找到眞正適合的家。

想起過去的日子也經歷了好些行爲有偏差的狗，現在回想都不知道到底怎麼活過來，而且還把他們順利送出去的…。常聽到許多人會說：「在這邊上班被動物包圍超愉快的吧！我也好想在這上班喔！」

但事實是最近才有同事偷偷跟我說：「其實當初中途那個誰誰的時候，我超想離職的啦…」（有行爲問題的動物時，再加上店裡忙，上班痛苦指數眞的破表…）

做中途都四年了，但怎麼直到這一刻都還是覺得做中途好難…。很多的狀況眞的是無法事先預料的，但眞的遇到的時候，我們沒有選擇只能硬著頭皮去面對…。

因爲他們都是浪浪，是沒有地方可以去的浪浪…所以我們不能放棄。

面對大量求援訊息，把持原則很重要

四年來，每天一定都會收到的訊息，不是訂位更不是詢問領養，而是「求助救援的訊息」像是：

「有一隻流浪貓需要幫助，但是我無法帶她去看醫生也無法收養她，在伸港工廠這裡，請問有辦法去帶他們嗎？」

「您好，我人在屏東，撿到兩隻幼貓，貓媽媽不知道去哪，很久沒出現想請問是否能送到您那邊，讓牠們有個找到家人的機會？」

「我同學在花壇鄉的補習班闖進一隻貓，如果明天還在的話不知道可不可以請你們幫忙？」

諸如這樣的求救訊息，一天最少會收到三到四個，四年下來眞的無法計算到底收到了多少。每天除了店務及照顧動物、找家送養以外，還得一直接收大量令人難過又無力的訊息⋯說實在話，眞的一度令我感到痛苦，疲憊無奈和受不了⋯。

從這些訊息之中，我漸漸發現很多求援人其實不懂得怎麼幫助流浪動物，說實在話，光幫他發個求援訊息是不夠的！就像前面的文中提過的，被救援的浪浪可能需要醫療、需要安置、需要社會化訓練，而中途的時間也不一，好一些是幾天，但也可能幾年甚至到老死，這並不是求援的人打通電話，「轉手」交給能幫忙的人就沒事了⋯⋯。

例如我們曾經收過一隻狗，乳牛色，體重約十七公斤，名字叫嚕嚕，救援時年紀是三歲左右，被救援前長達三年的時間被前飼主用短鐵鏈拴在門外，每天日曬雨淋，喝的是盆栽裡的積水，吃的是人類的廚餘剩飯。愛媽能做的，是偶爾帶一些乾淨的水和食物，試著柔性勸說主人能不能用更人道的方式飼養⋯⋯。

直到某天，愛媽發現飼主一家搬走了，人去樓空的房屋，只留下了一些被淘汰的廢棄物以及依然被拴著的嚕嚕⋯愛媽解開了他的鐵鍊，但卻不曉得該帶他何去何從⋯⋯。恰巧當時店裡有成犬送養出去，輾轉之下，嚕嚕來到了台中浪浪別哭等家。

原本親人，還算乖巧的的他，在經過幾天相處後，漸漸顯露出了他長時間缺乏社會化以及無法與狗共處的嚴重行爲問題⋯因爲他在店裡的表現極盡瘋狂，也導致再怎麼努力幫他寫送養文，想領養的人來看了也會退怯、怕自己無法招架，導致兩個多月的時間，嚕嚕遲遲都送不出去，而且讓店裡的運作造成極大的困難。

這時候我們回頭求助原本救援嚕嚕的愛媽，跟她說到這個情況，嚕嚕也不可能找到家，與其讓他在這裡卡位下去，不如先送嚕嚕去上課，行爲改善後再回來送養，但他的救援愛媽一聽到要上課，需要費用卻馬上回說自己沒有這個預算…。

老實說，當下是不高興的，我們幫忙愛媽送養，但遇上了問題，對方卻是這樣逃避和不處理的態度。就這樣，把問題變成了好心幫忙的人的責任…我想，她一定也沒想過我們一間店有十三至十六隻的動物，動物進進出出的，若每個求援者都這樣救了狗就撒手不管，我們會多難運作？

當然，我們也不可能因此就放棄嚕嚕，把他丟回路上，這筆上課的訓練費用，我們挪出了原本今年要慰勞自己度假的預算，這個課，一上就是半年，半年後嚕嚕再次回歸，確實有些狀況因爲上課獲得了改善，但店裡人多，狗多的環境，對於一隻天性敏感的狗來說還是過大的挑戰，嚕嚕看到外來的陌生狗，還是會狂吠不止…回家這件事…依舊看不見曙光…。

而像嚕嚕這樣的例子，只是四、五千隻浪浪中的其中一樁，對於求援者來說，他只是打個電話，就把問題丟給接手的人，就好像自己已經做完了該做的事。因此，經過這件事以後，我們挑選合作對象也變得更謹慎小心，因爲救援之後，還有好多好多的事情等我們去面對處理，這都是通報的人所不知道的事。

後來的我，明白到一件事，就是我永遠無法滿足大家的需求！

我們只能做自己能力範圍內能做到的事，盡量做、持續做。而我也要求之後合作的每一個通報者或求援者要付起責任，不光只是打個電話，因爲想幫一隻流浪動物，不是一個人能做的，也不是打通電話如此簡單而已。

TC054

教他不要放棄他，往專業訓練師之路邁進

隨著送養數量日益增加，我們也漸漸發現，其實中途的工作，不是送出去以後就沒事，在「浪浪別哭」的動物都是從街頭救援回來的流浪動物，大都缺乏規矩，有的甚至因爲長年被不當方式飼養，導致社會化不足，而造成行爲上有很大的偏差，又或者送養出去後隨著環境、年紀、飼養情形不同，會在性情上有不同的變化。

爲了替每個來「浪浪別哭」的孩子都能找到家，以及面對領養人不懂得處理時的詢問，在第二年我們決定尋求正規方法學習如何教導流浪動物及領養人。

研究了市面上各種教學理念後，腦闆爸拔選擇加入了「Dingo台灣愛犬訓練教育」，Dingo的核心理念是用獎勵做訓練基礎，避免懲罰的打罵方法，採正向概念解決動物行爲上的問題，包含如下：

❶ 首先了解怎麼做

學幾隻有問題的狗貓的例子，如何經過教導後改善並找到家。

❷ 描述可能遇到的難處

因爲環境刺激而有管理上的困難，所以會盡量要求客人要配合形容環境上造成哪些困難。

❸ 評估成效並找尋應對方法

我們經過學習後，之後在面對各種浪浪的狀況時，就能更了解背後原因，並快速地找出應對方法。

❹ 未來規劃

學習目的是爲了幫助在店裡等家的動物能更快速建立基本規矩，以及教導領養人有正確的觀念與方法，讓領養人和狗狗之後能一起和諧地過生活，腦闆爸拔在完成學習後，也依照店裡實際狀況及需求去整理一套教學系統，再由他親自來教導每一間店負責狗兒教育的夥伴。

這麼一來，在「浪浪別哭」等家的狗貓都能受到更妥善的照顧及教導，也能藉由這位專門負責的夥伴在現場就把正確知識傳遞給客人和潛在領養人，讓「浪浪別哭」這間店不光只是送養，也達到在教育上的意義，讓來店裡的人用更正確的方法認知如何尊重動物以及和他們互動。

商業與公益並存是長程馬拉松

其實要開一間店不是困難的，難的是要能夠一天一天營運下去。

要兼顧理想同時又兼顧生存眞的不容易⋯也是每天開店就要再度遇上的現實問題，雖然我們的社群遠比一般餐廳的關注人數多了很多，但還是一樣會遇到生意冷清的狀況，尤其店越往南開越遇到這個狀況。

不諱言地，這的確會讓我們無法專注在送養上，因爲還要時不時的停下腳步想方設法保持業績，甚至創造更高的業績以及更多元的獲利來源。因爲，唯有一直不斷在進步的公司，才能吸引更好的人才進入，一起開創出更不同於以往的做法，對流浪動物處境做出更大的突破。

也唯有不斷的創新和改變，才能在這瞬息萬變的市場能夠持續保持消費者對自己的關注度。對我而言，若不夠努力，不只是一間店倒閉這樣簡單而已，更是許多流浪動物將失去找家的機會⋯。

但在商業及公益並存的模式下，總會時不時有聲音質疑我們打著公益名號行賺錢之實，好像是幫助流浪動物這途就應該過得苦哈哈的才對…但對於只顧賺錢從不回饋社會的大企業卻從不質疑，這一直以來都是令我覺得很荒唐的事。

從小到大，父母也花了很多錢栽培我們，而我們本身也花了非常多的時間學習和投注心力在廣告這塊領域，未改行之前也都在職場上已有些成績，我們大可以拿著專業和技能去別的領域大大方方賺錢。

但三十歲接近中段時，我們夫妻改走了幫助流浪動物這條路，希望能將所累積的專業用在對生命更有益處的地方，但不代表我們就不能像一般人一樣能正常的賺存合理的收入，註定此生就該過得苦哈哈的，是吧！？

傳統的動保圈總是有這種聲音和這種想法，但若不改，將難有更多人才投入這塊領域帶來更多新的解決方法！或投入一陣子後發現，光有理想實在無法讓往後的日子無慮而退出。畢竟大家都有家庭要照顧，也需要爲年老之後做準備，不能成爲其他家人的負擔啊…。

流浪動物的問題嚴重，但同時也是一場需要時間的長程馬拉松，我始終相信不是靠一個人就能夠改變！

這也是爲什麼我們一直致力於建立和拓展團隊、傳承經驗，而不是只把技能只留在自己身上的原因，而要留得住團隊的人，也需要讓他們感受到留在這裡是有發展，也能隨著年紀增加賺取更能照顧家庭的收入才行。

這個圈子需要更多元的人才投入進來帶來不同於現在的創新做法，也才能期待看到不同的結果呀！

想成爲「領養眞諦的傳遞者」

其實，我們並不是一味的認爲全部的人都該「以領養代替購買」，也明白有部分的人喜歡特定品種狗貓的原因，是因爲品種動物有特定基因遺傳能夠考察（前提是，得找合法繁殖場購買，才會提供可考察的基因檢測報告），因此能事先得知狗貓之後如何發展（像是體型、個性以及健康狀況等等）。

而若在購買前深入了解，也將能大幅度實現「終養不棄養」的理想，這樣的人，我相信絕非只憑「長相可愛」而飼養狗貓。但我們想溝通的對象是這幾年來不斷會碰到的一種人和狀況⋯。

「你好，我想支持領養代替購買，想認養一隻柴犬（或其它品種），最好三四個月大以下，不曉得你們這邊有我要找的嗎？」

這是我們幾乎每天都能接到的詢問⋯

經過多年的宣導，大家都對「領養代替購買」這句話耳熟能詳，但，許多人卻不知道，這其實是一句沒有講完的話…

我知道，想養狗養貓的大有人在，但有些人單單只追求外表，沒有眞實地了解喜歡的品種動物有怎樣的潛在問題，因而造成源源不絕的棄養。所導致的結果就是，品種動物也會成爲流浪動物、然後街頭和流浪狗貓就繁殖出更多的浪浪…。混種交配後的狗貓變得不再起眼，遍佈街頭、堆滿收容所和私人狗貓園，造成了無限的惡性循環…。

「領養」淪爲一個口號，但卻沒有眞實行動…

領養的眞諦是：「成全一個流浪無助的生命眞正回家，並且有能夠陪伴他到終老的家人」，如此把養狗養貓的精神用在那些毫不起眼、找不到家的流浪動物上，同時也是降低整體市場對於品種動物的需求，不助長「不良繁殖」的狗貓…。我們寫下這本書，眞心希望大家更加了解領養的意義。

THINK ABOUT IT

給領養者的思考

Q 在路上或其他情況遇到浪狗貓時，可以先閱讀本書的處理方式，先仔細想一下能如何幫助他們？而不只是直接先打電話求援而已。

Q 到中途餐廳用餐時，請友善對待浪狗貓們，不打擾不驚動是基本。

Q 無論領養或是購買品種狗貓之前，請再三再三再三衡量自身狀況，多吸收相關資訊，以及請教已有飼養狗貓的朋友經驗再決定，可以的話，請仔細讀完這本書，再思考自己是否真的合適飼養狗貓或動物。

CHAPTER 2

浪浪送養挫折的案例

許多想領養貓狗的人，難免對於領養後的生活懷抱著美好想像，但在領養的現實狀況中，卻有更多不適應的問題產生，而造成送養挫折不順利的傷心情況，然而，這些都可能讓浪浪受到二次的心靈傷害。在這個章節中，我們提供一些故事，希望讓大家反思看看，自己是否眞的適合領養浪浪？

01

浪　木木與小天

領養流浪動物需要更多的包容及體諒

小天是隻特別可愛的小黑貓，眼睛很大、臉圓圓的，個性又十分親人，加上年紀還很小，來台中浪浪別哭後幫他發了送養文沒多久，就來了好幾組想要帶他回家的領養人。

而其中一組來自台北的家庭爲了爭取小天的領養權，還提出了他們也可以把一隻外型較不亮眼的木木（同期待領養的貓咪）一起領養回去，貓咪能有伴，那是每個中途都喜歡且樂見的情況！再加上領養人家中原本就有一隻照顧很不錯的成貓，更增加了我們對領養人的信心與信任。

在完成面談及家訪後，也確認過領養人經濟狀況穩定且環境安全，因此決定把小天和木木送養給他們，兩方約了時間，由台中的愛媽在某個平日下班後搭車送兩隻貓咪到台北的新家，大家都很歡天喜地的，一次送養了兩個孩子到達幸福的家。

急轉直下的領養狀況

不過沒能開心多久…隔天就在群組中收到了領養人傳來的訊息…。

領養人說，他們帶了兩隻小貓去看醫生，翻了木木的毛之後，發現身上和尾巴有黴菌感染的情況，要我們再注意其他與木木相處過的貓咪情況，愛媽道了謝後告訴領養人我們會再檢查其他貓咪（台灣天氣潮濕，所以貓咪很容易有黴菌，初期也很難發現）。

但這件事情沒有完…隔天一早，領養人再度傳訊：「大家早安，沉澱了一晚，想把我們遇到的狀況告訴各位，昨天爲止，在這次領養的過程中我們感受到浪浪別哭的謹慎與堅持，直到昨天，木木到我們家，我注意到木木耳朵上脫毛的狀況，詢問過愛媽，愛媽認爲可能只是被其他貓抓咬的痕跡，在愛媽離開後我們不放心決定就醫，醫師診斷爲黴菌感染，黴菌的問題需與其他貓咪隔離兩週並吃藥，回家後告訴各位，得到的回應就如上面所看到，說會看看店裡孩子的狀況，並沒有人關心我們家的狀況，我們準備好隔離兩隻新貓咪的房間，但現在其中有隻又需隔離，我們該怎麼生出第三間房間？好在小天跟我家原本的貓咪目前看來能夠和平相處，所以單獨隔離木木在隔離房，貓咪生病的狀況我可以理解，但事前你們沒注意到，讓我家原本的貓咪有被傳染的風險，這我就無法接受，我告知你們這件事，妳們的態度我也無法接受，我不會退養，會好好愛木木跟小天，但應該讓你們知道，從申請領養開始，領養人接受一連串審核及要求，相對地妳們也應該對這種事更嚴謹。」

這時我們才意會到領養人告訴我們貓咪得黴菌的事情不是「通知」，而是希望我們能道歉⋯⋯。爲了表達歉意作爲補償，也希望領養人能原諒疏忽，我們告訴領養人會寄出黴菌藥，希望他們能接受這份心意以及我們的道歉。

盡力與領養人不斷溝通

三天後領養人在群組裡問到：「請問黴菌藥有要寄給我嗎？」我再去詢問店員才發現還沒寄出，立即跟領養人再次道歉並且跑到郵局寄出，但此時領養人留下一段話眞是讓我們精神緊繃：「今天我問太太黴菌藥寄來了沒，我太太說你們今天才寄，這會不會太誇張，從發現黴菌當天就夠不爽，要不是我老婆堅持不退，早就把木木送回去！貓咪身體有狀況就該跟范范（店內另一隻送養的癲癇貓）一樣事先讓領養人知道，再讓領養人決定要不要接受，沒察覺貓咪問題而且還是具傳染性的疾病，非常離譜。但是你們說會寄藥來，不管我們需不需要，至少你們有做出負責的行爲，沒想到一個多禮拜過去還要我們主動追問才寄，這就是說話不算話的態度，那我們也沒必要當遵守承諾的領養人。我們這禮拜就把木木載回去。」

老實說：很少遇到如此嚴厲對待我們的領養人，大多數的領養者都很能體諒我們店務繁忙以及還有許多中途的動物要照顧，碰到類似事情時，多數人都能理解流浪動物問題並不是我們單方責任，大都能用與我們一起分擔的立場來共同處理。

但因爲這件事情還是我們錯在先，若對方站的角度是用的是一種「消費者」的立場來看待這一切，他的態度合情合理，當然也不該對對方進行道德綁架，即使心中震驚萬分。

我們不停地道歉，告訴對方我們確實犯了錯，一連串的疏忽也確實是我們不對，也主動開口若要退養貓咪也沒問題，我們可以去接回，愛媽那方也會退回領養費三千元。

但我們也告訴對方：「希望能將小天也一起帶回，原因是覺得與對方信任感已沒有了，我們也無法確保以後木木身體上會不會有什麼問題，或者跟領養人的貓咪會不會有什麼問題。」

雖說這些一連串錯誤先是我們的問題，但對方的處理方式，讓我們感覺像是買了一個商品後對於售後服務流程不滿，要退貨退錢，好像把木木當物品，把退養當作對我們失誤的懲罰，這樣的做法讓我們實在也很擔心小天的未來⋯。

對方聽到我們想把小天帶走，反應激烈地回應：「眞的非常非常憤怒！怎麼變得好像把小天帶走來懲罰我們，說我們把木木當物品，退養當作失誤的懲罰，本來就是你們的疏失！我們也給過機會，不是當下就不要木木，這週光是小天跟木木就跑了三次醫院，木木隔離我們不在家怕她房間熱，整天開冷氣，我們家自己的貓都沒這種待遇，小天在我的衣服跟床上尿尿，我們也都知道這是有可能發生的狀況完全接受，爲了領養買了一堆東西，現在都是白忙一場。」

當兩方爭執得不可開交之時，也同在群組的小天救援愛媽跳出來說：「在浪浪的貓狗都是浪犬浪貓，牠們都是流浪被救援的，身上多少都會有些疾病，檢查是最基本的、可以發現的就盡量醫治，黴菌問題是台灣最普及的皮膚病，常常突發，我領養一隻浪貓一來就尿毒、貓瘟，這是可以驗出來的，但是送養人也沒告知、我自己到目前花費已經超過三萬多，我個人感覺領養是一種緣分，領養了就是有緣來當自己的孩子，小貓的皮膚問題絕對不是隱瞞，至於藥的問題是眞的浪浪也是太忙了，我中途貓狗每天也是忙碌到忘東忘西，希望領養人能體諒。

我們不像一般的上班族，下了班回家就沒事，只要玩玩自己養的那一兩隻貓就好，下了班，家裡的要顧，外面的浪孩要餵，有時候甚至抓紮，救援，根本一天二十四小時不夠用，所以買了藥才會麻煩店員寄，沒有在第一時間寄出，是我們不好，但這整件事最無辜的是木木，我朋友曾經買了隻貓，過幾天發現他有癲癇，但寵物店未告知，事後寵物店說可以退，我朋友說養了幾天都有感情了，怎麼捨得退，所以我眞的無法理解你們想退養木木的心態是什麼，覺得他麻煩？還是對我們不滿的處罰？

而且貓咪的很多疾病都有潛伏期，或者是先天性隱藏，等到後天才發病的，我不能跟你保證小天沒有，是個百分百健康的孩子，爲了避免小天往後眞的有狀況才要退的問題，不如現在就讓小天跟木木一起回來。」

用更高標準來要求自己

當天貓咪就回來了，可愛的小天很快地就在回來第四天後找到另一個合適的家庭，現在被養得肥肥胖胖的，外形比較差的木木雖然待了好一陣子，但好在也找到了眞正懂得欣賞她愛她的家，而不是只把她當物品的家。

此事之後，我們也開始詢問找方法是否能檢查出貓咪皮膚有黴菌徵兆（因

爲皮膚有黴菌的初期，用肉眼是看不出來的）後來找到了一款貓癬紫外線燈，立即添購了此設備，也增加了流程，要工作人員一定要定期去照貓咪皮膚的問題，雖然大部分的人都能體諒我們的忙碌和偶有的疏忽，但我們還是要盡可能用最專業的方法和高標準要求自己才對！

但還是得告訴每位想領養的人，我相信每位中途一定不會故意隱瞞動物的任何情況（無論是身體或者性格上的問題），因爲會從事流浪動物救援的人，一定是不怕麻煩，不怕花錢，一心一意只想要讓他們得到幸福、抵達永遠的家；若眞發生領養後有出乎意料之外的疾病或問題，也請不要用消費者的角度去檢視這一切，因爲那是一條活生生的生命和許多人無怨無悔的付出，能不能不要用消費者心態去衡量？而是更多的包容與體諒，從中途手中接力，一起照顧浪浪。

02

浪 奶茶

領養後才感覺責任過大

找家不只靠運氣，也要努力再努力

兩個半月大的奶茶，沒有特別的故事，就只是台灣千千萬萬隻未結紮的母浪浪中的其中一隻，無助地在某個廢棄工廠生下的孩子。這樣的故事聽多了，千篇一律就像個無法擺脫的殘酷輪迴。

第一次見到奶茶時，愛媽信心滿滿地告訴我們，奶茶是母親生的那窩七八隻小狗中最聰明的那個～「相信這麼聰明的她，一定可以很快找到家！」我們也這麼相信著，決定一試。

初來乍到的奶茶，就像是個小小的觀察家般，坐在一旁靜靜的等待，又像在觀察浪浪的生態，當夥伴們發放零食時，發現規矩是「坐下」才有得吃，奶茶也機靈地立刻乖乖坐好，年紀小小的她，完全沒有新生的羞怯，也順利在最短的時間適應良好。

果然沒多久的時間，就吸引到一對三十歲左右的夫妻對奶茶提出了領養申請，他們經濟穩定、工作時間不長，而且房子是自己的，不用擔心被房東趕、被鄰居罵的問題。家訪的時候發現他們家也很整潔乾淨，且太太提到其實對養狗這件事情已經準備了兩年，這段時間總算把環境和作息都調整好，終於能夠來領養，但因爲從未有養狗經驗，所以還是有點緊張，看到奶茶後發現她已經被訓練得很好，而且性格很穩定，覺得這樣的孩子會比較適合他們家，對於幼犬難免會搞破壞的問題，夫妻倆也做足了功課及心理準備，是近乎完美的領養人，大家歡天喜地的讓奶茶回家了。

你「真的」的準備好認養了嗎？

沒想到奶茶回家的第二天半夜，領養人卻從群組中傳來此消息…

「愛媽、闆娘，這一天兩夜下來…我覺得心理壓力眞的快超出負荷了。

奶茶很好，馬上就可以跟我們很親近，甚至不用尿布墊就知道要在廁所上廁所了，這樣的她，眞的很給我們信心。可是，相反地我們卻覺得越來越不快樂，一整天爲了她擔心東擔心西、吃也吃不下、睡也睡不著…反而她跟我們越親近，我們就越擔心。

只要想到未來每天都是這樣…眞的滿想哭的…我也知道當初在決定認養前，就應該要清楚知道沒有退路，這樣眞的很不負責任…可是…我不知道該怎麼調適心情…甚至會不斷出現如果讓奶茶找到能整天陪伴她的家人，她一定會更開心的念頭…」

看完領養人的訊息之後，我提出：「剛養狗難免有點緊張，能透過很多方法學習上手，加油不要放棄！如果需要幫忙，可能得釐清一下你擔憂不安的部分是什麼，我們也才能針對遇到的問題給你們回答。」

對方接著說：「不好意思…我也很想找到方法…但這兩天的不適應，讓精神壓力實在很大，之前從來沒有想到會這麼的強烈，因爲擔心她各種一個人在家的可能情況：無聊、咬東西、甚至會開始叫…這樣的感覺一再出現…她睡覺動一下…我的胃就會跟著抽…沒辦法睡，其實…就覺得像我這種自私的人，其實不太適合去照顧一個生命…」

看了他最後輸入的這段話之後，我留言告訴他不用勉強，但自己仍舊不斷在思考，這到底是怎麼一回事…他們不是已經替養狗這件事準備了兩年了嗎…。

遭遇退養後，奶茶的反常

另一邊，二度回歸的奶茶，剛開始表現得很正常，讓我們鬆了口氣。

但沒想到一週過去，奶茶卻越來越反常…不曉得甚麼原因，她開始把自己藏起來，有時候半天都不見狗影…就連給她吃零食，奶茶都只願意在小狗屋內吃，不願意在衆人面前現身的奶茶，常讓人忘記她的存在…。

再次回到浪浪的奶茶，被浪費了一些「黃金找家時間」…，體型也從小奶升級爲中奶，這更增加了送養的困難度…畢竟大部分人養貓狗都喜歡從越小的時候養起越好啊，或許也是因爲這樣，奶茶不知道自己還能不能像小時候那樣討人喜歡，才讓她沒信心地躲了起來…小小的她還是受傷了吧…。

甚至有幾個原本很喜歡奶茶的客人知道她回來後，興沖沖來店裡看她想領養她，她卻完全拒絕與人互動…因此錯失了一個又一個的回家機會。

儘管故事的最最後，奶茶還是找到好的歸宿，但這段經歷對她確實造成了一定程度的陰影…因此我們決定，還是要把這次事件的來龍去脈寫下來…除了希望大家藉此更加釐清自己的心態，更希望能避免類似情形的退養再次重演。

面對一個生命，你能選擇升級自己而不是逃避嗎？

把奶茶帶回來浪浪後，我們自己也不斷思考這到底是怎麼一回事……我們到底做錯了什麼，還是誤判了什麼？才會讓明明就很乖的奶茶遭到退養……？

這次的退養，奶茶本身並沒有任何問題，甚至連她被退養後短短借住的兩個地方，主人都直誇奶茶眞的很聰明很懂得聽話，就算在一直換環境的情況之下，定點大小便也幾乎不失誤，親狗又親人，在她身上實在挑不出有什麼毛病啊……。回歸到人……要提醒想領養的大家，請務必打從心底爲浪浪著想。

領養前的審核我們已盡量縝密和客觀衡量，也不該每次發生退養都把問題往自己身上攬，我想這次是因爲領養人實在太不了解自己，當眞正養下去以後才發現自己根本不想爲了狗做出生活上的改變……。

領養前請三思，每次的領養都必須要對一個生命負責，養動物不是交一個男女朋友那樣簡單，反悔或不合想說分手就分手。

領養前請三思，自己是否眞的能夠就算面對困難，也不會選擇放棄。

掃 Qrcode
追蹤奶茶的幸福生活！

領養前請三思，否則你帶給狗狗的並非是希望，而是再一次失望而已。

我們都知道或許有時候自己並不夠了解自己的能耐，總要等到真正做下去的時候才發現自己的能力根本不夠，但至少最一開始就要有正確的認養心態，那就是所有一切都要以浪浪爲出發點、設身處地的爲他們著想，若發現自己能力不夠，要想～那可是自己再次升級的好時機啊！

退養的事件沒有人樂見，不只對浪浪是傷害、對我們來說也是打擊，但在未來的日子裡，我們還是會持續堅信：「大家若能多站在浪浪的角度想，那麼退養就從來就不會是選項。」

THINK ABOUT IT

給領養者的思考

Q 領養者的臨時反悔，非常可能成為浪浪心中的二次傷害。

Q 一旦領養，代表的是一個「無論如何也不離棄」的決定，因為沒有人喜歡被拋棄的感覺。

03

浪浪布穀

領養後遭到家人反感反對

從台中收容所到浪浪等家的日子

四歲大的布穀，是我們從台中收容所帶出來的孩子。從所方人員的口中得知，布穀是在去年七月被前主人帶來棄養，然而遺棄的原因留下一大格空白，對方不願表明理由，於是布穀在還搞不清楚發生什麼事的情況下，就無奈地被宣告從家犬成了浪浪⋯。

來到台北店的日子裡，布穀最喜歡坐在靠近門的沙發上，因爲只要每次有人來，她就能夠第一時間上前打招呼，就這樣她每天守著望著⋯只要大門一開啓，布穀總是滿心歡喜地去迎接，或許，在布穀的心裡還期待著，來來往往的客人中，終能等到她的前主人吧。

遭遇退養的二度打擊

外型特別又親人的她，果然很快就得到了申請領養，來看她的是一對母女，媽媽經營一家律師事務，說起話來條理分明又精明幹練，家中經濟穩定，而女兒已經大學了，想養狗很久了，現在夠大了，能在媽媽的經濟支柱下照養一隻狗狗的生活起居，在媽媽的擔保與承諾下，布穀跟著這對母女回家了。

但…就在領養後的第五天，我們收到媽媽的退養訊息：「很抱歉，我們想要退養布穀。這幾天在家裡跟爸爸吵架吵得很兇，本來說到領養，他是睜一隻眼閉一隻眼、沒有特別反對，所以我和我女兒就去領養布穀了。但帶她回家後，爸爸開始出現極大的反彈…。」

家中爸爸原本對於領養布穀沒太多意見，但帶回家後的布穀亂尿尿，惹得爸爸堅持要把她送走，一家人爲此爭吵不休，所以必須退養…因爲，她們害怕爸爸一氣之下眞的會把狗狗趕出家門。母女也誠心道歉，當初沒有完全和爸爸溝通好就領養，很抱歉對布穀造成的傷害。收到訊息的當下，我們什麼也沒說，約好時間後就去把布穀帶回。

家人的共識，做對浪浪最好的事

領養浪浪，就跟照顧小孩子一樣，都需要無限的包容和耐心。我們也始終相信，那些被視爲麻煩的事都能夠解決，也都有方法的。所謂沒有教不會的狗狗，只有不會教的主人！

在這個退養事件後，我們檢討了疏失，之後的每一個申請領養，即使有長輩擔保也是不夠的，我們都會要求領養人，在家訪的時候一定要讓家中成員「全部到齊」才行，面對面和每一位成員說明他們即將領養的這隻動物的個性以及可能會帶來的問題，確認每一位成員都有足夠的心理準備以及願意包容體諒。

如果你就是那個正想養狗養貓的人，請先評估確認所有家庭成員也同樣做好心理準備，別讓你一開始的良善，變成了又一次的傷害。

我們相信：「家人們一致的共識，才是對浪浪最好的事！」

掃 Qrcode
看布穀的回家影片！

掃 Qrcode
追蹤布穀的幸福生活！

THINK ABOUT IT

給領養者的思考

Q

領養前，家人是否也完全做好心理準備？需再三再三再三確認評估。做正式的領養決定之前，除了與所有家人一起商討可能發生的狀況，也必須讓家人也完全了解即將領養的狗兒，包含個性、生活上的各種調整、能給予什麼樣的教育…等細節。

Q

狗兒到了新環境，在適應期間可能出現不同個性，你是否也能接納？

04

浪　正男

不安全感導致狗狗行為有問題

試用期未過而被淘汰的小黑狗

想當時，正男的愛媽問我是否可以接手送養時，那一窩五隻小幼犬裡面，正男是我認爲最棘手的，因爲依過去送養經驗看來，黑虎斑要找家總是要找很久很久的…而終於等到有位置時，愛媽告訴我正男已經找到家了！說實話，當下自己心裡眞是偷偷鬆了一口氣啊…。但…沒想到兩個月後，卻收到通知，正男被退養了…。

飼主傳訊息告訴愛媽，「小黑狗」老是在他們出門的時候吠叫，鄰居抗議到不行，而他們也不知道該如何教，她只想得到戴嘴套這招，但又覺得帶嘴套對狗來說不人道，希望愛媽直接把小黑狗接走。

我想…主人是「試用」的概念吧，所以自始自終沒想過給他一個名字，他只是一隻暫時路過的「小黑狗」而且隨時準備要走（他甚至不是黑的…）。

輾轉之下，這隻沒有名字的小黑狗來到了浪浪，剛來的那天，因爲緊張的關係，這孩子顯得十分僵硬，整隻狗呈現阿兵哥站哨般直挺挺、硬邦邦的逗趣模樣，於是我們給他選了「正男」這個名字！

狗狗的行為不良必有因

正男來到浪浪後果然因爲緊張害怕的緣故，第一個晚上沒看見人，就出現大哭的狀況，但經過幾天的相處，正男漸漸對這環境感到安心後就不再亂哭吠叫，甚至變得撒嬌愛笑，而且老實木訥的個性眞的是超級討人喜歡。

這才發現，其實這孩子根本沒有退養人口中說的難搞，只需要給他一點同理和包容，讓他能安心罷了…。

此外，原本正男經常因爲看著人和狗離開而慘烈大哭，這個問題也讓正男遲遲找不到家，我想：畢竟很少有家庭能夠二十四小時全天候陪伴吧…再加上正男認人，對陌生人不容易親近，因此從台中換到台北都還是一直沒等到家…。

在和愛媽討論後，仔細推敲正男爲什麼會在這特定情況下才大哭的原因，發現理由應該有兩個：一個是在救援時，正男是同胎裡最後一個被帶走…獨自留在洞穴了好幾晚⋯另一個則是，他在曾被領養的兩個月之間，飼主時常帶著家中的比熊犬出門，讓小小的正男看著他們離去的背影，獨自孤單面對。

或許就是這些經歷累積起來⋯讓正男每當看到同伴被帶走時的悲傷痛苦，被拋下的回憶就會排山倒海地向正男席捲而來⋯。

不過，我們仍不打算就此打消幫正男找家的念頭，因爲我們知道其實正男是很乖的，換店後就乖乖的融入大家、不讓人擔心，不管人家怎麼揉捏他，也總是一臉認命，討吃吃的時候即使大家亂成一團，他也從不會心急搶食，而是「正氣凜然」的坐在你面前，穩重地相信你總有一天在狗群中分食到他。

仔細觀察正男後，我們知道，他只有不能接受看人牽別隻狗出去不牽他的問題，和一點因爲幾次被拋下後的缺乏安全感⋯難道這個樣子正男就不能回家了嗎？

或許大家看到的是領養他可能會給自己帶來的麻煩⋯以及他天生不討喜的毛色，加上他怕生又只認熟人的個性，讓他從台中浪浪等家到台北浪浪，花了好多的時間都還找不到能夠包容接受他的家⋯。

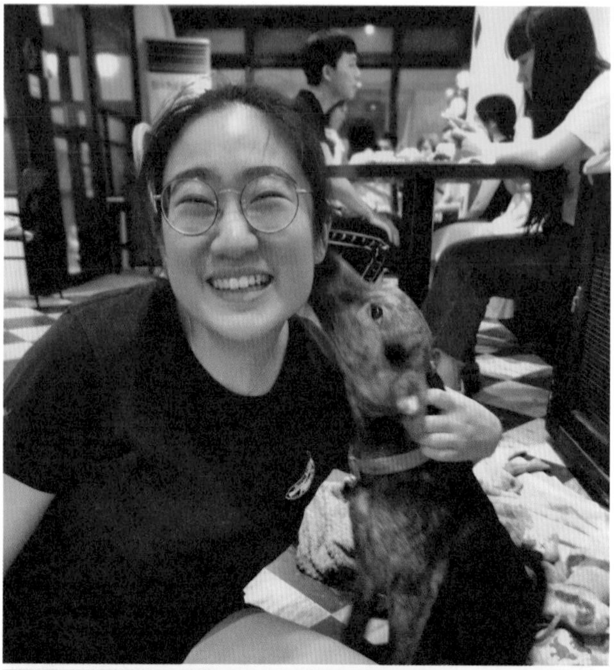

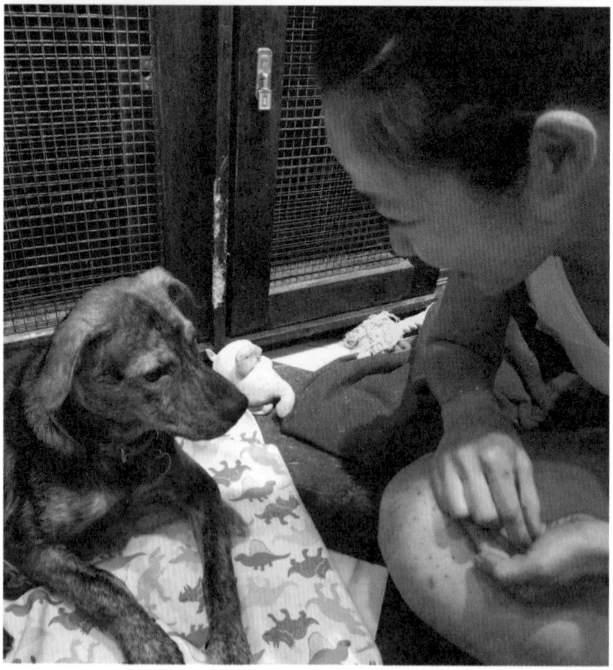

原來，正男在等的是她

其實正男的個性是不太理陌生人的，或許也就因爲這樣⋯他才從台中又到台北，花了好長的一段時間等家⋯。

直到某日，Jessica一家人來到店裡，平常對陌生人冷淡的正男卻一反常態地主動向前示好，跑到姐姐身邊跟前跟後，而且用他溫熱的小舌頭舔了舔她，好像在說著：「嘿！姐姐～妳怎麼這麼慢，我等你好久咧～」這樣撒嬌的舉動立馬收服了Jessica一家人！

正男自己挑中的這個家很熱鬧！家裡有爸爸媽媽、婆婆、哥哥姐姐、還有三隻貓咪以及一隻狗姐姐「查麗」～是一個熱鬧的大家庭，完全不會讓正男有覺得孤單被冷落的時候。我們這才恍然大悟⋯原來，正男一直在等的就是他們啊！

生命不該被當成試用品

常聽見棄退養的人這麼說：「如果我不把帶回家，他也是在路上沒吃沒喝流浪，至少我還給了這些時間的吃住，現在也只不過是讓他回到原本的地方。」

我們認爲，生命不該被當作「試用」，若沒準備好包容不放棄的決心，千萬別帶浪浪回家，然而要知道，這樣錯誤的心態，其實是在耽誤孩子們找到眞正的家。

大部分的人會視狗不停吠叫是「異常」，但吠叫本來就是狗狗與生俱來的語言，硬是要讓他們不叫，就像是要人不講話一樣，是不可能也不人道的想法！你覺得你家的狗總是「亂叫」嗎？你所聽到的只是汪汪汪！汪汪汪嗎？但其實他有他要表達的心聲。

在這次的例子中，正男出現的吠叫哀嚎問題，牠的吠叫原因就只是害怕，而在面對牠的吠叫問題時，罵他打他是沒有用的，重點是你有沒有眞正去理解，他到底想要表達什麼？

教育與包容不可或缺

領養人只需做的是，在發生狀況之前或是當下，鼓勵牠、安撫牠、讓牠覺得很舒服。不然牠會把陌生人的出現和你的責罵連結在一起，問題就會加劇。只有領養人的安撫才能給他安全感，只有得到足夠的安全感，牠才會停止吠叫。

掃 Qrcode
看正男的回家影片！

掃 Qrcode
追蹤正男的幸福生活！

許多狗狗的行爲問題，解決方法都重在「去除原因」，而不是一味地加以制止。想讓狗狗有符合人類期待的好規矩，就像小朋友接受教育一樣，都需要用同理心去理解他們，用耐心去陪伴他們，何不嘗試給他們多一點時間去學習呢？

THINK ABOUT IT

給領養者的思考

Q

大多數的浪浪都是在缺乏安全感的環境下成長，你是否有足夠的耐心和同理心，能夠觀察並滿足他們的身心需要？

05

浪 吐司

人生無常，送養也是

吐司是我們開店初期遇到的狗狗，她有著較為少見黑白分明的毛色、活潑撒嬌且有些天兵的個性，再加上眉毛還配上兩點滑稽的白毛點綴，是隻讓人看了都會留下印象的可愛浪浪。

她很認人，卻也能說很不認人。剛來到浪浪時，吐司看見中途她快兩年的愛心媽媽離開，還跳到窗台上望著愛媽離去的背影嗚嗚嗚哭泣了好久好久⋯。但她也很容易收買，給她吃的喝的、連續幾天給她關愛和陪她睡覺，這孩子的眼裡就都是你每次衝著她叫「吐司、吐司！」她就會開心到不知所措地大力扭動著她的屁股，整隻呈現一種興奮到都要痙攣的誇張模樣朝你匍匐前進而來，可以說是一隻腦容量很小而且非常「活在當下」的超級憨狗。

而且吐司還跟店狗班班很處得來，晚上睡覺的時候兩隻狗常常互相依偎的靠在一起，吐司還會幫班班舔耳朵，兩個你儂我儂的就好像是熱戀中的小情狗⋯。

這些種種的種種，都讓我們在幫吐司找家的時候感到特別捨不得。但也或許是對吐司有特別的感情和特別的喜歡，我們透過照片、透過文字發送給大家，那一陣子，竟然來了三組都是很不錯的家庭想領養吐司。

吐司只有一隻，但還要找家的浪浪很多，於是我們約了三組家庭在同一晚一起來到店裡，並且一桌一桌的和領養人商討，願意不願意把回家的機會讓給當時同在等家的「米妮」以及還在狗園等待領養的吐司同胎「厚片」。

非常幸運地，當晚的領養人和其他狗狗互動過後，都願意把回家的機會讓給還沒有人要領養的孩子，托吐司的福，當晚三個孩子同時都找到家了。

看似幸福故事的開始卻大轉彎

而吐司的家庭，是一對年約四十歲的夫妻，妻子是台灣人、丈夫是加拿大人，他們為要好好了解吐司，一共來了三次，每次都待了很久，而在過程中，都能發現他們夫妻倆感情非常濃非常好，過程中從不見兩個人把玩手機或者沒話說，幾小時的時間，他們總能有說有笑有講不完的話，從和他們的聊天之中，知道這對夫妻結婚多年，沒有生孩子，領養了兩隻狗，平日除了上班時間外，夫妻倆最喜歡的就是帶著狗兒開著車到戶外享受海、享受風、享受著啤酒，是一對很懂得生活、享受人生又極度愛狗的夫妻。

會來到浪浪別哭是因為他們其中一隻狗狗年老離世，他們決定要再回一隻需要幫助的狗就這樣，吐司回家去了，留下有點惆悵的我們（包括班班）。但經常看著領養人在臉書上分享著帶吐司到處去遊山玩水的幸福畫面，我們也滿足了，畢竟他們能給吐司更棒、更精彩的生活。

領養人雙雙意外身亡

時間過得很快，一下兩年過去了，記得出事的那一天，台中店才剛開幕沒幾天，一直在招呼客人的我在片刻休息時間滑開了手機，看見台北店的夥伴傳來了一個連結，留了一句話「這⋯是吐司嗎？」。

打開了連結，看見文章標題「南澳神秘海灘戲水妻溺斃⋯兩毛孩嚇跑，外籍夫心痛急尋」而附上的照片正是我們熟悉的吐司以及男領養人⋯。

得知消息後，立刻聯絡了在台北中途吐司許久的愛媽，愛媽也在傍晚時分開了車直奔南方澳找尋吐司，因台中店剛開幕我們無法立刻加入，但也立即發了文請當地網友們幫忙協尋注意，

而男領養人痛失妻子雖心痛萬分，在新聞鏡頭前聲淚俱下的說：「他的妻子

在溺斃前交代他的最後一句話是「要顧好兩隻狗！」他無法好好地難過，此時此刻的他，只希望大家能一起幫助他找到狗，甚至發出了懸賞金，就是希望能完成老婆的交代，一定要找回夫妻倆的愛狗。

協尋工作持續了兩天，這期間一直有人通報看到穿著橘色救生衣的吐司到處亂竄，但因爲受到高度驚嚇的關係，吐司完全無法讓陌生人接近，而一直眞正找不回他，而另一隻狗狗則完全不見蹤影……。

兩天後，我們終於排開所有店務，在夜裡從台中直奔宜蘭神秘海灘，在半夜兩點鐘抵達後要加入協尋行列。而說也巧合，大夥找了吐司兩天，就在第二天的時候，吐司完全銷聲匿跡，但就在我們和台北愛爸約見面的那一條馬路上，愛爸爲了要來帶我們，所以開到那之前一直沒去的路上，就在那裡看見了穿著橘色救生衣的吐司，還好當時人夠多，大家使用包夾的方式讓吐司沒辦法再竄逃，最後英勇的陳大哥撲向吐司把他壓制在地，雖然在混亂中吐司因驚嚇咬傷了陳大哥的手，但也終於結束了這場持續了三天的找狗之旅。

等吐司回過神來，終於發現在她身邊的是熟悉的爸爸，便開始吃喝。爸爸在黑夜中細雨中緊抱著吐司，嘴裡一直嘟囔著：「Good girl、Good girl、LuLu Good girl」

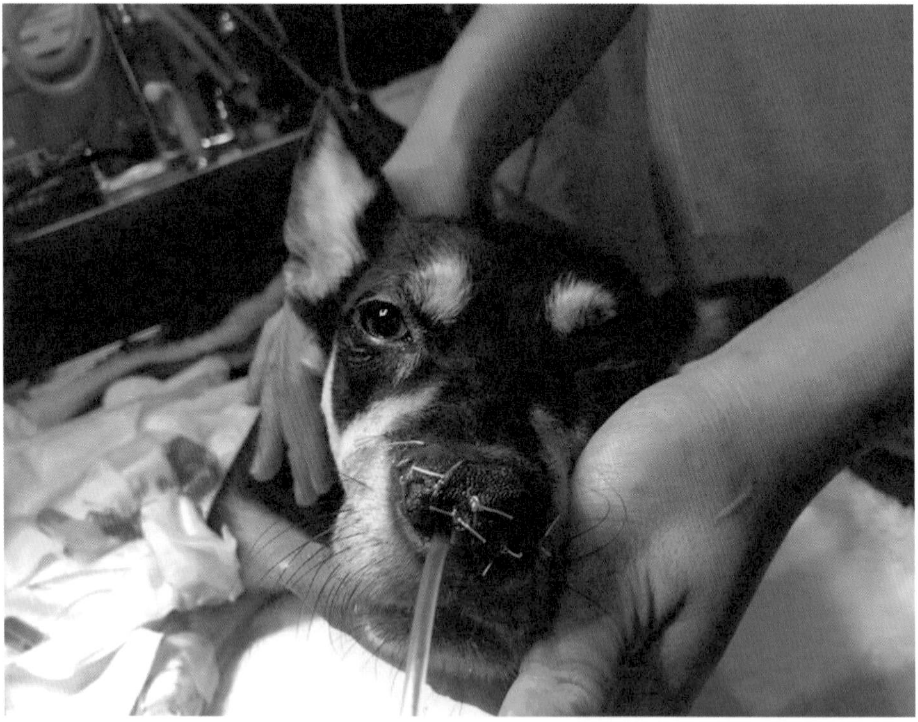

安撫著受驚在黑暗中奔跑了兩天的吐司，而吐司也成爲領養人在台灣唯一的親人。

幾個月後，領養人告訴我們他想帶著吐司回加拿大，也請我們協助辦理一些健康檢查及出國文件，待台灣房子租約及工作告一段落後就要離開這裏，但沒想到，再得知消息，又是十個月後從新聞上看見⋯⋯。

而新聞照片上的吐司令人看了怵目驚心，眼神驚恐、鼻子是皮開肉綻的⋯⋯斗大的新聞標題寫著「加拿大男遭殺害分屍！小狗鼻子也有刀傷」，看到新聞後內心震驚不已，腦海亂成一團，「天啊，眞的是Ryan嗎？」、「不是說要帶著吐司回加拿大了嗎？怎麼會這樣！?」，再緊接著讀新聞內容，得知屍體被發現是因爲吐司從爸爸被分屍的河堤跑回家，隔天清晨，領養人的朋友前去領養人家中，在住家附近看見吐司獨自在徘徊，上樓按鈴察覺到沒人在家，正當友人摸不著頭緒之時，吐司似乎有什麼話要說似的，一直望著友人示意要他跟著自己，友人牽著吐司，吐司就帶著他去到了離住家路程十五分鐘的河堤，那是平常領養人帶吐司散步時一定會去的地方，看著退潮的溪床，友人百思不解的東張西望，不久後就驚見Ryan的物品掉在那，退潮的淤泥裡發現了一個黑色大垃圾袋，後來的狀況我們不太清楚，只知道友人隨即報了警，警察打開垃圾袋確認是Ryan的屍體，而身體也被利刃剁成一塊一塊⋯⋯。

我們從新聞上看見許多媒體圍在警局門前，圍著Ryan的朋友以及吐司不停地發問以及閃光燈閃爍個不停，原本就膽小的吐司看到這麼大陣仗，驚慌失措地掙脫了胸背，從人群中跑走，攝影機拍到吐司跑走的畫面，Ryan的朋友向前追去，但還是讓吐司跑走，並沒有追回來。後來警察沒有讓友人繼續追回吐司，而是把朋友帶進警局做調查，也沒有人去找吐司，還是當時在那裡的一名記者透過訊息通知我們，知道吐司是我們這邊出去的，告訴我們吐司現在跑走了，沒有人在找他，讓我們趕快能找人來追回他。

心酸遭遇終於苦盡甘來

我們得知消息後，又是一陣震驚與慌亂，在社群上發了協尋文後，我們立刻在夜裡坐高鐵返回台北，借了摩托車騎到永和吐司走失的地方，開始到處繞啊轉，好在這次走失的地點在熱鬧、人群密集的市區，透過網路力量，許多網友不斷告知我們吐司的行蹤，讓我們能縮小範圍在對的地方尋找，三個小時後，就發現吐司趴在秀朗國小的大門邊，他看起來累壞了，累得一動都不想動，但眼神充滿驚恐，鼻子被刀傷劃過且完全地綻開分成兩半…大家都不敢輕舉妄動，生怕一個動作又把吐司嚇得繼續逃亡。

最後愛媽拿著食物緩緩靠近，餓壞的吐司鼓起勇氣走向前，才順利抓到他並

掃 Qrcode
看吐司的回家影片！

掃 Qrcode
吐司的幸福生活！

且帶他去醫院，醫生在夜裡緊急安排了縫合鼻子的手術，爲了不讓縫起來的地方以後不能呼吸，還插了一根管子預留鼻孔的洞。

此時駭人聽聞的分屍案炒得沸沸揚揚，媒體對於任何關於此案的事件都是高度關注，當然對於破案關鍵的吐司也是一再報導，也希望能從我們身上得到更多訊息讓他們能夠做成新聞。但我們不想再讓吐司受到驚嚇，於是把吐司帶回了台中，銷聲匿跡好一陣子，終於在兩週後此案偵破，才漸漸回復平靜。

後來我們留下了吐司，一來是實在太心疼他的際遇，一來也是覺得這孩子也實在和我們有緣，中途過這麼多狗，是唯一我們夫妻倆都動心過想留下的孩子，他眞的回來了，而吐司跟班班從兩年前到再次相遇，也都是這麼的合得來。

一年過去了，吐司在這一年應該過得很開心，因爲他一年胖了六公斤，每天吃飽睡、睡飽玩，有主人、有狗朋友，算是苦盡甘來吧。

06

浪 2B

情侶分手而退養

來到浪浪，卻再度成為浪浪⋯⋯

曾在台北浪浪等家的2B，並沒有帶著太曲折的故事來到浪浪，不過，在他回到眞正的家之前，過程卻是一波三折不甚順遂。

活潑可愛的模樣，加上古靈精怪的個性，讓才剛來浪浪沒多久的他，很快就獲得領養申請。首先提出申請的，是位二十四歲和男友同住的女孩，雖然距離我們所設下的領養門檻差了一歲，不過因爲女孩家中本來也有一隻領養來的米克斯，再加上她本身就非常關心流浪動物的相關議題，不只她本人誠意十足，她母親也出面幫忙說情，表明若未來若女兒不能照顧狗，家裡也能擔負。於是，我們同意讓2B回家了！

領養人很快也開了IG帳號，十分熱絡地和大家分享2B的日常生活，甚至還有帶著兩隻狗一起去寵物展的照片，一家人互動看起來非常融洽。

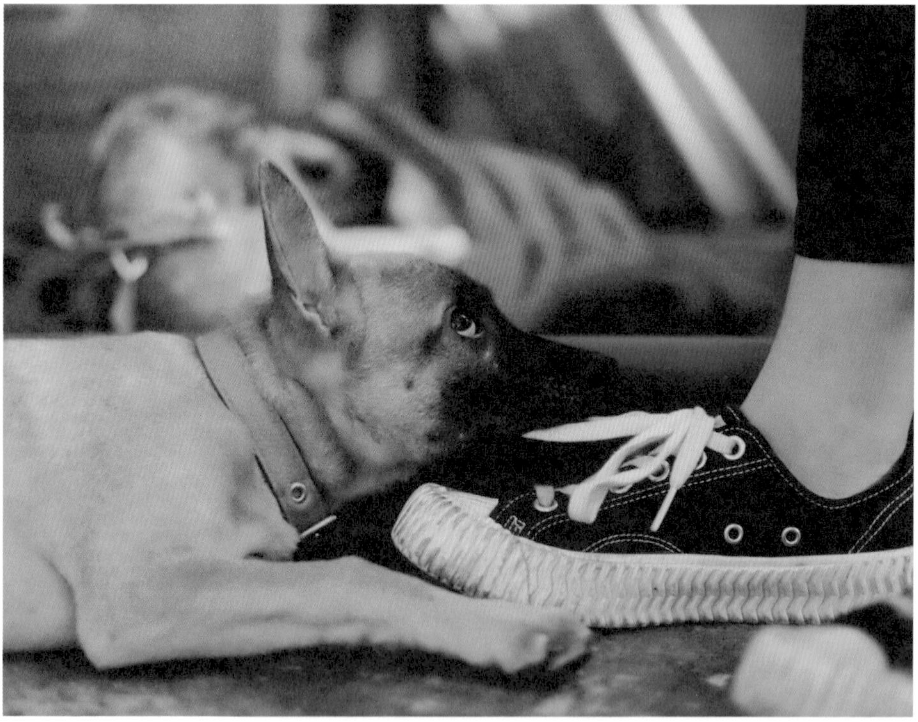

然而，好景不常，領養2B三個月後，女孩來訊說自己與男友分手，也跟家裡吵架，現在自己在外租屋，但房東都不接受養狗，希望將2B先放回洗車廠，等到自己情況允許再領回，不過她卻支支吾吾地說不出個時間⋯⋯。

無可奈何的我們放不下心，也只好迅速先將2B帶回陳大哥那，等待機會再次回到浪浪找家，儘管他在這段時間裡錯過了最好接受認養的時機⋯⋯。

老實說這次的退養又再一次地打臉了我們，或許立下的條件就是該好好遵守、或許年輕情侶本來就不適合對生命做承諾⋯⋯這些聲音都會一直在我們的腦海裡迴盪，讓我們懷疑做過的努力都像是白忙一場⋯⋯。

但在這篇裡面，我們其實想好好探討的是「情侶分手棄養」的原因始末，分析究竟這樣的故事爲何會一再上演，又似乎看不到終止日呢？

你們分手，牠卻是最無辜的受害者

不少情侶在熱戀期間會選擇養一隻狗，想著既能增進感情，又可以提前體驗一下當父母的感覺，不可否認的，日子裡增添了寵物的陪伴確實有不少好處。

以下分析情侶養寵物的優點：

❶ 能讓感情增溫、關係更穩固，過程儘管辛苦，但寵物成長的點滴，無疑是彼此共同的美好回憶。

❷ 生活中多一個寵物話題，從此因爲家裡那一隻有聊不完的新話題，跳脫原本枯燥乏味的日常對談。

❸ 體驗當父母，培養責任心，但養寵物就跟養小孩一樣辛苦費心，否則人們也不會稱貓狗爲「毛小孩」。

❹ 另一半不在家時，能有寵物相伴，寵物就像情侶間的定心丸，讓雙方對彼此的空間有更大的寬容。

❺ 讓愛玩的另一半產生歸屬感，開始對家產生歸屬感，寵物確實有讓人只要出門就歸心似箭的魔力。

然而，小倆口養寵物看起來好處多多，但萬事都是一體兩面的，不可避免地仍有其壞處：

❶ 如何分工照顧或訓練方式，若兩人不能互相體諒合作就容易引起爭執。

❷ 不少熱戀期飼養寵物的情侶分手後，會因寵物歸誰的問題而吵到不可開交。

❸ 出遠門旅行時，要找寵物住宿或褓母，不僅要花上一大筆錢，出遠門還要懸著一顆心。

❹ 寵物反過來跟另一半爭寵，某些寵物只認一個主人，對其他人都不留情面，甚至發生咬傷意外。

❺ 變成分手戀人繼續「勾勾纏」的理由，甚至把寵物視爲讓愛死灰復燃的工具。

綜合以上會發現，其實「分手棄養」不外乎就是這些理由，但是寵物並不該作爲「戀愛工具」，他們都是值得被尊重、好好對待的生命，既然欣然接受了他們，那就該先思考未來如果分手之後，寵物們該何去何從？

浪浪別哭對於情侶認養的把關

儘管有些中途之家會因爲擔心情侶分手之後，沒有好好處理毛孩的去向，而在一開始就先篩除情侶領養。

然而，就浪浪的立場來說，雖然也曾經歷了這次分手退養的事件，但我們仍沒有特別排除情侶認養，實在是因爲我們身邊也不乏圓滿幸福的故事，像是來領養的情侶之後結婚，甚至也有了自己的小孩子…而我們也不想矯枉過正，讓浪浪們錯過各種可能的機會。

養與不養從來沒有正確答案，關鍵仍在於你們是否全面衡量過各種可能性，當你決定要飼養動物時，就要有心理準備在未來的三年、五年，甚至十年以上，你都需要跟動物朝夕相處，如果沒有做足這樣的心理準備，我們會眞心希望你從一開始就別飼養任何的動物。

即使最後兩人因不適合而分開，也不能將負面情緒加諸於寵物，或許人可能會變心，但請相信寵物永遠忠心！如果眞的遇到不可抗力的因素，身爲負責任的主人都必須安置好寵物的生活，千萬別讓「棄養」就成了選擇之一。

掃Qrcode
追蹤 2B 的幸福生活！

THINK ABOUT IT

給領養者的思考

Q

情侶領養浪浪，如同決定共同撫養一個小孩，但人的情感維繫不易，請別讓浪浪成為你們感情間的受害者。

07

浪阿澈

與領養者家中的毛孩處不來

很被看好的浪阿澈，卻遲遲回不了家⋯

浪阿澈，是愛媽從桃園機場救援回家的孩子中的一個，阿澈除了有一對遺傳同胎兄弟姐妹的漂亮大眼睛，更自帶了微笑的嘴角。起初，我們都認爲憑阿澈的高顏值與纖細嬌小的身材肯定很快找到家，果然剛來沒多久，阿澈就在浪浪別哭引起一陣旋風。

不過或許這孩子從小在機場中險境求生，練就出她天不怕地不怕的個性，阿澈膽子大又愛冒險，只來浪浪待了幾天，便開始四處探險、跑來跑去，就好像要把從前沒玩到的日子，一鼓作氣玩回來一樣。

阿澈很親人愛撒嬌，但卻有點惡霸，只准人抱她，這樣活潑好動的個性，加上出現不懂拿捏力道的咬人行爲，以及愛爭寵吃醋的個性，讓許多想帶阿澈回家的領養人聽到之後紛紛因此打退堂鼓，日子就這麼一天又一天過去，阿澈始終沒有回家⋯讓原本天天都活力十足的她，漸漸等到意志消沉⋯。

盼了一整個月，竟一夕遭退養

前前後後等待將近一個月，總算有人提出申請領養阿澈，領養人居住基隆，家中成員有爸爸媽媽以及一名十歲大的小男孩，還有一隻小型犬。他們想領養的原因爲「想替家中的狗狗找個伴」，這個家庭有不只一名的照顧者能一起照顧狗狗，只要他們願意，兩隻狗兒一定事沒問題的，我們喜歡這樣一家人能一起照顧的領養家庭。

但因爲阿澈較有個性、而且不太懂得控制力道等等的問題，我們還是非常慎重的和領養人面對面談了兩次，確認他們能包容阿澈此問題，而領養人也都正面表示能接受，於是我們也就同意了對方的領養申請。

然而，才事隔一天，我們就接到要退養阿澈的訊息：對方告訴我們，當天半夜，阿澈不斷對家中狗吠叫，主人當下反應便是將小型犬抱入懷中想保護他，這個動作或許讓愛吃醋的阿澈醋勁大發，於是就撲上去咬傷了狗⋯。

於是領養人忘了之前我們談過、預設過的種種狀況，倉促斷然的決定要退養他：這也讓我們不禁懷疑起人心，爲何當初如此信誓旦旦，但一遇到事情卻一夕變卦？

幸福急不來，打起精神再出發

阿澈回鍋浪浪別哭再一次開始漫長的等家，其實過程中也有好幾組家庭提出領養申請，但評估之後，全都無疾而終……雖然也曾覺得可惜，但我們始終相信，幸福是急不來的。

阿澈看著同胎的、同期的甚至是連後進的浪浪們，相繼回家開始幸福的生活，就只剩下自己還在這……每當看她露出失落的神情，都會讓我們擔心，不曉得阿澈會不會怪我們？

「明明不是沒人喜歡我！爲什麼不讓我回家！爲什麼要讓我變成最後一個……」

其實親自帶阿澈之後，覺得她並沒有想像中的皮，就只是一般活潑外向，比較不會控制力道的小孩，就算遇到小型犬出現，她大部分時候的反應也是友好，是因爲身形的差距，加上比較粗魯的動作才會讓對方受到傷害……。

不過，等家的日子其實也沒白費，不管是定點大小便、吼叫咬人的壞習慣……阿澈每天都反覆練習著，小小的她也很努力地準備回家！然而身爲人類的 我們，能夠做的也就只有付出更多時間陪伴，透過相處去深入了解每隻狗狗的特性，就會知道該如何用正確方式對待。

在從事送養這條路上，的確常常會有很多自我懷疑的時候，但最後阿澈主人的出現，也讓我們明白，一切的堅持都有價值。二次回家的阿澈，儘管曾出現分離焦慮，但主人仍舊選擇包容，接受那些都是必經的過程，相信只要願意再給彼此更多磨合的時間，終將一一克服。

再養一隻狗，你真的準備好了嗎？

阿澈的退養也讓我們再一次反省背後的原因，會退養的原因除了常聽見的：男女朋友分手、過敏、懷孕生子、搬家等等，其實還有一個很讓人意外的退養高危險群，就是那種「原本就養一隻，想再養一隻和第一隻作伴的人」。

原本這樣領養族群應該要是身爲中途的我們最喜歡的族群才對，因爲「有飼養經驗」而且「動機是出於給動物給好的生活品質」但…反而演變成我們遇到會最擔憂的族群…究竟爲什麼呢？

這樣的例子這幾年來遇過好幾次，還記得早期曾經遇過一個超愛狗疼狗的常客，時常帶著自己的狗來店裡玩，後來他看見自己的狗跟當時等家的某隻狗兒玩得特別開心、特別合得來，於是興高采烈後把狗狗領養回去，想讓兩隻狗能在他出門上班的時候互相作伴。

但…沒想到回家後原本的狗，一看到另隻狗跟進家門，立刻大抓狂，除了狂吠狂叫不止、還反常的在家裡到處隨地大小便，領養人嚇得把狗退回…。

除了這個故事以外，還遇過第二隻狗回家後，第一隻狗就絕食抗議幾天不吃飯的…讓原本開朗的毛孩開始陰鬱了…以及各種不是領養人想像那般和諧美好的狀況，而領養人往往出於太過疼愛第一隻動物，而屈服在家中寶貝各種型態的抗議下，成爲了令人氣憤的退養者…。

因此遇到領養人想再養第二隻狗的動機，一直是我們面對這樣的領養家庭很重要的考量依據。你是否認眞思考過家中的狗眞的需要另一個伴嗎？還是只是爲了降低自己沒有空陪伴他的罪惡感？領養前是否具備充分的心理準備和事前的功課？

請審愼評估自己的耐心與能力，是否眞的能夠面對各種可能不美好的狀況發生，千萬別讓自己錯誤，造成對浪浪的第二次傷害，因爲沒有一個生命，該被

帶回家試試看跟原本那隻合不合，不合就再退回…正在找家的浪浪，跟你我捧在手心上的孩子都一樣該被當成寶貝，甚至更爲寶貝。

就連人跟人之間的相處都會有不合的情況，都需要藉由長時間的磨合才能夠相處得來，狗與狗之間又何嘗不是呢？以下有方法，讓你在考慮再養一隻狗狗前能夠理性分析，兩隻狗的個性時否合得來：

通常我們會評估，就如同人類相處一般，強勢的搭配弱勢的，彼此相輔相成，兩隻狗若能處在象限的正相對位置，互補的相處模式會是最合適且最不易起衝突的，不過，此方法還是作爲參考的依據，主人們永遠不離不棄才是養狗狗的正解！

掃 Qrcode
追蹤阿澈的幸福生活！

THINK ABOUT IT

給領養者的思考

Q

就算是人，如果家中突然多了新成員，都需要時間磨合相處了，更何謂是狗貓呢？先徹底了解自家寶貝的個性，再決定要不要為他／她增添新的家人。

狗狗個性的四個象限

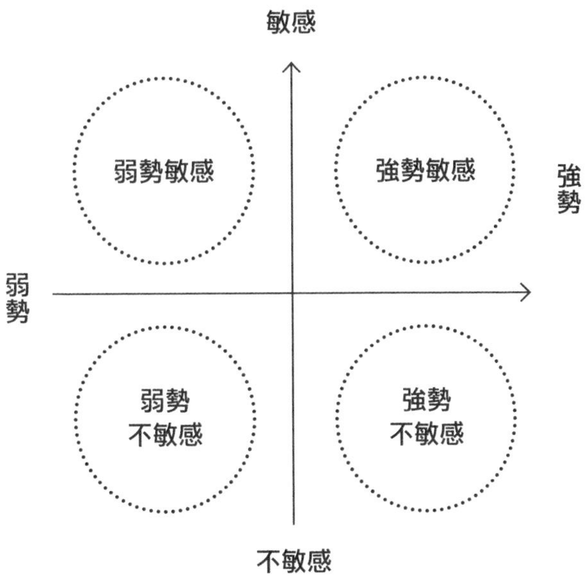

08

浪浪 淘淘

領養者年齡太輕而無法承擔責任

淘淘初來浪浪時，大約是三個月大，個性在狗群中屬於比較熱情、強勢的她，每次我們從遠遠的地方拍手叫淘淘，她聽到了都會過份熱情地飛撲過來。

這樣活潑的淘淘，在挑選領養人的時候，我們就更加注意對方是否具備對活力旺盛的幼犬的包容力，而看似合適的領養人出現了。

她們家裡原本就還有養一隻黑色米克斯叫「罵麻」，罵麻也是一隻米克斯，是領養人從三個月大時撿到的，一路養到六歲，領養人說罵麻小時後就像淘淘一樣活潑有個性，看到了淘淘就讓她想起了小時後的罵麻，所以才會遠從台北特地帶著罵麻和媽媽特地來台中看淘淘。

六歲的罵麻看起來被照顧得很好，個性非常溫馴穩定，體態胖胖壯壯的、毛色黑金黑金的，社會化的狀況很好，看得出來主人很用心照顧。

媽媽對於女兒要領養淘淘很是贊成才會陪她一同前來，並同意為女兒擔保，自己也願意養淘淘。再加上她們也曾有養過米克斯幼犬的經驗，知道狗狗的活力旺

盛、對幼犬的破壞力也有認知，各種衡量之下，於是我們放心的把淘淘交給了領養人。領養後，領養人還多次帶著淘淘和罵麻回娘家，互動很是熱絡，是一直讓我們都很放心的狀況。

被退養的傷心經過

然而就在今年七月底的時候，我們在半夜十二點左右突然接到領養人的電話（會這麼臨時打來通常都不會是好事…）電話接起來，另一頭的領養人哭得很焦急，她說自己回家開門，兩隻狗都迎過來，結果突然就打了起來，怎樣叫兩隻也不分開，於是她只好趕快把門關上並退了出來，又過了一陣子再開門，但同樣的狀況又再度發生，她實在不知道該怎麼辦，只好打電話向我們求救…。

當下我們告訴他去找水潑狗，讓他們冷靜下來，或者拿棉被去蓋住他們眼睛等等的方法，經過半小時以後領養人才回報終於將兩隻分開。

有這次的突發狀況後，我們就開始處理問題，回台北的時候，腦闆爸拔還特地過去了解狀況，甚至安排訓練師資源來協助領養人處理，但在那次見面，我們感受到領養人透露出了不想繼續養的訊息，甚至推托說是媽媽叫她把狗退給我們…。

在第一時間我們仍鼓勵她不要放棄，但後續發現她越來越難聯絡，最後甚至幾天都不回訊息……最後甚至不願自己直接跟我們對話，而是留下她媽媽的手機要我們跟她媽媽談。

沒料到，媽媽接了電話只問我們要約什麼時候可以把淘淘帶走……甚至還說出說淘淘的晶片是我們的，理當有問題我們來處理（因怕動物被惡意棄養所以領養頭三年我們都不過戶資料）當下態度大轉變，像是完全忘了領養時她曾出面替她做擔保。

事情發展到此，我們也不忍把淘淘留在那個無心照養她的家，很快的我們就接走淘淘，暫時住在愛媽家等待浪浪別哭的空缺……。

退養之後讓狗狗產生焦慮

回鍋台中店的淘淘，不再像以前那樣活潑的整場飛、滿場繞，出現不停的抓著身體還有啃她自己腳的行爲，全身上下被她咬得到處紅紅腫腫的。

醫生說，這不是皮膚病，而是因爲「焦慮」所引起的…猜想應該是因爲淘淘這段期間不停轉換環境，心理壓力升高所導致的，只能讓她先吃減輕憂慮的營養食品以及替她戴上頭套防咬…。

其實不只淘淘，她這次回歸，大家的心理壓力都很大…，畢竟淘淘是因和另隻狗起衝突而被退養，而店裡的環境卻是滿滿、滿滿的都是狗…。

好險實際觀察淘淘後，發現她的兇也只限於「不認識的狗」，對於熟識的狗相處上就還不錯，如果跟狗會發生衝突，原因大多是出自於「吃醋」，因爲淘淘實在是太喜歡太喜歡人了，所以她沒辦法接受有其他的狗狗比他受寵。

這也讓我們推敲出，爲什麼淘淘最後會和罵麻發生這麼激烈的衝突，我想極有可能是主人長期的「偏心」累積起來的禍…。

這能從淘淘被領養整整一年後還被退養這件事情得到證實，後來才加入這家庭的淘淘、闖禍惹麻煩的淘淘，始終沒能被他們當做一家人，才會在發生衝突問題後選擇直接棄養，只爲了讓罵麻脫離危險。

最後一刻降臨的幸運奇蹟

屬於淘淘的幸福最後在聖誕節前夕降臨，新主人家中成員有三人，且沒有其他動物，這能讓淘淘完成當獨生女的願望。

儘管這一切對我們和淘淘來說都像是夢一場，也是聖誕老人在今年聖誕節給我們的第一個奇蹟，但一切得來不易，過程中也眞的歷盡無數的考驗，也不由得讓我們再次深深反思⋯⋯。

首先，在領養資格上，「年齡」還是得設下的必要條件。

畢竟，養一隻動物是十幾二十年，很多事情是無法事先預料的，除了考慮經濟能力能否負擔照養狗狗之外，也必須能承擔他們可能生病的各種風險，因此心智是不是足夠成熟，並能夠獨當一面處理不可預期的問題都是非常非常重要的，因爲，要對一個生命做出承諾，先決條件便是先能對自己負責！

此外，在故事中的母親也做了很錯誤的示範，陪孩子許下承諾，卻又在遇到事情的時候輕易踐踏自己承諾過的事情，對狗狗本身，或是當中幫助過他們處理問題的人們來說，都是一次傷害，破壞了最初的信任關係。

掃 Qrcode
追蹤淘淘的幸福生活！

將來，我們仍會不厭其煩一再與領養人溝通觀念，確保他們眞的有決心，不論未來發生任何事情的時候，都願意主動學習調整，去讓自己變成一個適合他們所領養的動物的人，而不是一昧的去責怪動物沒辦法符合自己的期待，甚至再次把棄養當作可能的選項。

THINK ABOUT IT

給領養者的思考

Q 對你來說，「家人」是什麼？你能真正地把浪狗貓當成永遠無法分離和捨棄的家人嗎？

Q 面對領養的狗兒的狀況，你能把「改變自己」當成第一且唯一的選項嗎？

小小後記

浪狗貓因為原生環境不佳或被棄養的緣故，多少會出現需要領養人花更多時間了解狗貓需求的情況。除了前述的幾則故事，還有一個「狗狗吃大便」的例子，在兩個月前找到家的小子被退養了，因為他吃自己的大便，而領養人也和我們討教過解決方法。

我和他說；「小子的同胎白菜兄弟，也有相同的問題，白菜甚至會去吃別隻狗的大便，會吃大便是因為狗狗身體缺乏微量元素，而大便中有未分解完成的營養，狗只是很直覺地想去吃他缺少的營養，因此給白菜補充所缺乏的營養後，吃大便的問題已經得到改善（像白菜是缺乏蛋白質，給他多吃肉以後，就獲得改善）。」

但半個月後，退養家庭從訊息中告訴我們，他們嘗試了許多方法，但都不能改善小子吃大便的習慣，家中成員覺得狗狗這樣很髒、開始冷落他，小子因為想求得關注而變得很愛吠叫，時間久了，家人越來越不耐煩，甚至漸漸不想回家，因此決定退養。

愛媽沮喪地跟我說：「對不起，我又看走眼⋯」但我說：「妳何錯之有？該做該說的，事前都已經盡量說、盡力做了。」

我百分之百相信，退養人領養前的信誓旦旦不是「騙人」，只是不夠了解自己與家人的能耐。總有些人得在事情眞正發生後，才能察覺到自己的心沒這麼寬、沒這麼大，而且沒辦法把毛小孩當成眞正不離不棄的家人。

退養就退養吧，平安回來就好，驚覺心中已經沒有任何一丁點的不悅或憤怒。我想，多年來在中途上經歷的種種變化，已讓我練就了「金剛不壞之心」了吧（很棒的成長與收穫）。

我只希望經過退養這事，對方了解自己的能耐，以後別再傷害別隻浪浪，畢竟，不是每隻狗貓都能像浪浪別哭的孩子這樣幸運，在外受挫了還可以「回娘家」。

而小子除了「吃大便」這個問題以外，其實沒有什麼其他的大問題，他會定點大小便、能獨處，只是…突然被迫換環境，離開了他曾經以爲的家人，因此在行爲上顯得有些驚慌失措，但我知道他會好的，因爲這裡的大家能給他更多理解和包容。

看到這些被退養的例子，可能有些人會說：「你們該在領養前做更多仔細的調查加強更多的審核」等等。

是的，或許我們可以檢視更多更多的條件（現在的流程中就已經有了解對方經濟狀況、家中環境、全家人意願、飼養寵物經歷等等），但再多審視也無法估算人心後及他們眞實遇到事情時的抗壓性。

在送養初期遇到退養，眞的會很生氣，而且對人感到很失望，但久了之後其實越來越不感奇怪，甚至發現自己已經沒有過去那樣的憤怒，而是覺得「回來就回來吧！能平安回來就好，只要活著永遠都有再得到幸福的機會啊！」

「送養」其實和「結婚」很像，那麼多人在婚前海誓山盟、信誓旦旦，但離婚率還不是一年比一年高的嚇人⋯。或許不是我們「看走眼」，而是對方「高估」自己的耐心與解決問題的意願，我也相信當下信誓旦旦的他們，是眞的以爲自己可以，並不是騙人。否則國內離婚率這麼高是怎麼來的？一開始愛得要命，但不要的時候，理由卻一大堆，要比離婚率高四分之一的送養率，我想我們還是有繼續做下去的價值。

或許我們永遠無法百分之百防堵人心的變化，或許我們會失敗，沒辦法一次就幫他找到適合的家，但我們能負上全責，替他再次努力找一個家！

但…想要養寵物的人必須知道，尤其家中原本就有毛小孩的人更加要想清楚，因爲幾乎所有動物都沒有後路可以退，請每一位要養寵物的人三思再三思。養一隻寵物，不是「交往」的概念，如果不合，也不只是「分手」這麼簡單，如果你不能把他當成「親生小孩」，就請你收回你的喜好與同情心，別對動物造成二次傷害。

COLUMN

腦闆把拔親授！教他不要放棄他

領養浪浪前，你該知道的9大重點

QUESTION

1

準備好接受可愛的他，做不可愛的事嗎？

寵物不只是「可愛」和「陪伴」的功能，或許還會有不可愛的狀況發生。比方因為焦慮而在家大搞破壞；或是領養後沒有先了解飼養的正確觀念而養出壞習慣來；和毛孩一起生活後，主人未調整新的生活作息等等各種可能狀況。這時，我們可以怎麼和領養後的毛孩們應對互動呢？

① 多給他一點時間「學習」，把狗當小孩教育。

② 從正確的網路管道或社群社團蒐集應對的資訊，調適主人的心情和怎麼和毛孩應對。

③ 詢問行為醫師、寵物訓練師、寵物溝通師，學習站在寵物的角度看待他的需要，用專業並溫和的態度和他磨合。

先想想解決的方法，而不是在磨合的情緒裡一直打轉或覺得痛苦，找出適合自己領養的毛孩個性需求的解法。因為毛孩和人類小孩一樣，時而甜美可愛、時而調皮搗蛋，你準備好接受這個挑戰了嗎？

QUESTION

2 第一次養狗的人必須知道的五件事？

狗兒對於處處自以為是而且從來沒了解、滿足過他的人類，依然給予百分之百的愛，直到他結束十幾年生命為止。究竟該如何給毛小孩他需要的，而不是我們想要的？讓我們的付出對他們更有意義呢？以下是領養浪浪前，身為飼養者的你和家人都該有的身心準備：

①規劃好睡覺休息的地方與定點廁所：

狗狗睡覺休息的地方需放在不能被打擾的地方（避免放在門口、人走動的地方），可以買運輸籠、籠子或圍片做籠內訓練，以及在有範圍的活動能幫助狗狗認識室內定點廁所，建立好狗狗的安全感、信任感以及有限度的規矩，是回家後最主要的任務。

②準備玩具與遊戲滿足毛孩身心：

狗狗有啃咬東西和撕裂東西的需求，如果沒有被滿足，就會開始破壞傢俱…。所以，準備好嗅聞玩具，能滿足狗狗嗅覺探索的慾望，透過尋找到物品亦提升狗狗的自信心。

③用語言循序漸進做適時訓練：

坐下、趴下	能幫助穩定情緒。
等等	練習耐心。
ＯＫ	任何形式的解除口令，讓狗狗了解主人講「ＯＫ」才能吃。
休息	練習完要跟狗狗說休息，以幫助狗狗適時休息。該睡覺時可以撫摸他，說睡覺或休息，這樣狗狗很快就會入睡（尤其是玩遊戲、散步後）。
認名字	練習CUE他。
來	跟名字分開來叫，可以讓他更清楚「來」的指令，招回訓練可以讓狗狗面對衝突或危險的時候，例如遇到危機、警戒心高的狗狗等，能迅速回到主人身邊獲得庇護。
握手、碰指甲	可以幫助毛孩擦腳、剪指甲。
進籠子	要吃飯時，跟毛孩說「進籠子」，避免吃飯被打擾而有護食的狀況產生。

④每天都要定時散步：

規律的生活對狗狗來說很重要，主要能減少狗狗的焦躁感，並且透過感官去認識這個世界，幫助他社會化瞭解人類的世界，享受與主人散步的過程。

另外，散步時要戴上吊牌，吊牌上要刻上主人名字與電話；適合的牽繩（建議2公尺的長度）、胸背（不勒住氣管、不容易磨擦胸口），以免讓狗狗突然掙脫跑掉，這點非常非常非常重要！

⑤穩定的經濟狀況：

以中型犬來說，每個月的飼料／鮮食費用約３６３０元左右，除蟲藥是５６７元左右，美容費是８００元左右，加上每年必要的醫療花費，例如十合一疫苗、狂犬病疫苗、血檢、四合一快篩…等。

以及可能有另外的健檢約兩千至三千元，這還不包括有先天性疾病或突發疾病的花費，因此有穩定的經濟來源，才能養育一個生命。

希望大家在領養前，再次審慎評估有沒有辦法給毛孩子這些最基本的時間、金錢和照顧，願愛狗的我們都能用正確的方式去對待癡愛我們的毛小孩。

QUESTION

3

如何訓練狗狗？在浪浪別哭等家的狗兒會做哪些訓練？

在「浪浪別哭」的狗狗貓貓，為了讓他們回家更順利，我們會事先做一些訓練準備，讓毛孩慢慢適應。

第一步—建立良好信任關係：

這是為了幫助狗狗更快習慣新環境。例如剛到新家的狗狗還不認識環境，所以會緊張，在這個前期先花時間陪他吃飯陪他玩、建立關係和安全感，不要急著訓練他。

第二步—服從訓練：

增加自信心、耐心以及和主人心連心。比方，給狗狗食物時，坐下→等待→ＯＫ→給食物，這樣的順序，或是散步前先在門口等待，說ＯＫ的時候才出門，這樣的過程能讓狗狗有耐心，以及完成指令後能得到獎勵的成就感。

第三步—召回訓練：

叫狗狗的名字時，讓他知道要立刻回到主人身邊尋求保護。

第四步｜定點廁所：讓狗狗習慣在定點上廁所。

第五步｜散步學習：

讓狗狗習慣跟隨主人腳步，讓他不會暴衝；或是幫助膽小狗能認識這個世界，如果狗狗特別敏感，可以設定好人車少的散步路線，減少突然有車跑出來或放養的狗衝出來的意外，而讓狗狗被嚇到、導致在散步過程中受挫，主人在散步途中也不要一直滑手機，而忽略了狗狗正處於什麼樣的情況。

〔目的〕滿足狗狗探索需求，釋放精力。

第六步｜社會化：

因為店裡會有陌生狗來訪，這時會先讓他們彼此認識一下再相處。

〔目的〕幫助浪浪融入人類生活與狗狗社交圈。

註：在浪浪別哭的狗狗中途的時間不一，所以受到的訓練狀態也不盡相同喔。

QUESTION

4

讓毛孩在家不害怕的「籠內訓練」是什麼？

狗狗有時會有害怕鞭炮聲、打雷聲、坐車不乖或很緊張、在家一直吵得你不能睡的狀況，這些都可以靠著「籠內訓練」來解決。

每次浪浪回家前，我們會告訴領養人可以準備一個籠子來做籠內訓練，很多家長聽到籠內訓練，常常都會有兩種反應：

「蛤？阿不是說不要關籠，關籠很可憐沒有自由耶！」

「很簡單啊，我都把我家的狗狗塞進去，門趕快關好就好，只是他就是在裡面一直叫很吵。」

其實籠內訓練想營造的是「籠子是狗狗的避風港，當狗狗感到不安、需要休息的時候，有個地方可以讓狗狗安心休息」，也就是「狗狗專屬的房間」的概念。

為什麼狗狗會喜歡這樣的空間呢？因為在好久好久以前，狗狗還沒被人類眷養之前其實是「穴居動物」，牠們早上會待在沒有光線的洞穴裡休息，養精蓄銳等待晚上獵食。

如果睡在外面的話，狗狗因為嗅覺聽覺很靈敏，往往一點聲響動靜就會驚醒，根本無法好好的休息，如果可以給牠們一個類似房間般安靜有屋頂的籠子，狗狗才能獲得充分的睡眠及休息。那怎麼做會比較好呢？

首先，家長要準備一個窩，尺寸為「長度為狗狗鼻子到尾巴的距離、頭不會頂到籠頂、兩個狗身寬度的運輸籠」；運輸籠的好處是如果要帶狗狗坐車、出去過夜的時候還可以帶著走。準備好一個窩以後，接著要做以下三步驟訓練：

步驟一——讓狗狗對籠子有好的聯想：每到跟狗狗遊戲的時間，就把籠子拿出來擺在旁邊，玩完就把籠子收起來，久而久之狗狗會期待主人把籠子拿出來，因為他把「看到籠子=可以跟主人玩」做一個正面的聯想，反而開始會期待主人趕快把籠子拿出來。

步驟二——增加狗狗願意進籠的機會：等狗狗習慣或開心的時候有籠子在旁邊，可慢慢試著把獎賞的零食放進籠子裡，讓狗狗知道進籠子就可得到最喜歡的食物。這時籠子門保持開啟讓牠自由進出，等狗狗願意全身進去籠裡待著，要適時給予誇張的口頭獎勵，讓狗狗覺得「待在籠裡的話，主人會很開心」給予他這樣的印象。

步驟三—平時關門不隨意讓狗狗進去等：等到已經可以不用把籠子收起來的階段時，這時訓練就需把籠門關上，不讓狗狗進去，此時狗狗已經會期待有事可以做，做對了牠就可以進籠吃東西。這樣一來，只要狗狗一聽到命令，就會乖乖且樂意進去籠子裡，也不會對籠子感到排斥。

這三個步驟需要不斷重覆，大約兩至三週，並且持續不間斷的貫徹執行，這樣一來，大部分的狗狗能做好「籠內訓練」！

當練成之後，就可以在需要的時候把籠子的門關上，然後搭配把燈關上或者蓋上布讓環境變黑的方式，這樣狗狗大多都會開始安心休息，可以降低狗兒原本不安或者焦慮的情緒。最後，有幾件事情要提醒，是我們看到「籠內訓練」經常會犯的錯誤：

錯誤×：做籠內訓練絕對不是為了讓他一整天待在籠子裡，更不是造成人類困擾的時候才把狗塞進籠子裡。

正確○：而是「你進去休息就沒事了，其他的爸爸媽媽會幫你處理」。

錯誤×：籠子不要擺在靠近浴室、門口或任何人常隨意走動的地方。

正確○：因為狗狗的嗅覺和聽覺靈敏、警覺性高，這樣會讓他就算待在籠子裡也不能安穩休息。

錯誤×：籠子擺在悶熱不通風的地方。

正確○：籠子要擺在通風良好、不會日曬的角落，以因應台灣氣候濕熱，配合風扇也是不錯的選擇。

做好籠內訓練，能讓狗狗有充分的休息，對健康跟情緒都有很大的幫助，很多行為問題也可以透過「籠內訓練」來改善，家長們，如果你家孩子有怕聲響、出門不安等等的問題，快來試試看籠內訓練吧！

溫馨小提醒：每隻狗狗的經歷跟行為狀況不同，籠內休息不宜超過三小時，不能長期關籠飼養，有任何行為問題，請與訓練師討論後，再擬定好訓練計畫喔！

QUESTION 5

讓主人能召喚「萌獸」的秘訣？

在家訓練好狗狗有被召回的能力，出門就能沒煩惱！

好處一—面對刺激時能回到主人身邊。

好處二—面對危機時可以立即召回，例如突然有狗狗出現、危險車潮、突然被聲音嚇到時。

好處三—避免狗狗亂撿食。

在家的訓練是很重要的，許多主人會忽略這一塊的重要性。一般來說，狗狗叫不來的原因有幾個：

原因一—有不好的聯想，可能是要被拔拔或麻麻罵了，或是要去洗澡嗎？要去打針嗎？想把我關起來嗎？

原因二—外面新奇的事物太多，被分散注意力。

原因三—主人和毛孩的信任關係尚未建立。

想要做召回訓練，可以在環境比較單純的家裡做練習。

第一步—讓狗狗習慣召回動作：
呼喚狗狗名字，如果回頭有反應，加上口令「來」，只要來就給予獎勵，來回練習的過程中慢慢增加距離。

第二步—利用長牽繩練習：
在家裡先訓練上牽繩上胸背，用長的牽繩模擬戶外狀況，適時的召回自己身邊並給予獎勵。

第三步—放繩練習（安全的地方）：
放開牽繩讓狗狗出去玩，一旦召回就扣上牽繩讓狗狗休息，一段時間後解開才能再繼續玩（有去有回，狗狗才不會覺得一直被拘束喔！）。

QUESTION 6

狗狗亂叫時，為什麼大聲制止都沒用？

吠叫是狗狗天生的語言，但不一樣的吠叫狀態，處理方式也不同。以下介紹幾種狗狗的吠叫原因，以及如何正確減緩狗狗吠叫行為的方法。

①警戒吠叫：

〔成因〕狗狗對於外界動靜較為警戒，尤其是有其他人、事、物接近自己的地盤時，會發出警戒的吠叫，尤其是浪犬，危機感更為高強，這樣的狀況是常常發生的！

〔減緩方法〕安靜、冷靜地走到狗狗前面，讓狗狗知道接待、察看是主人負責的事。

②防禦、警告吠叫：

〔成因〕防禦是狗狗保護自己和地盤，或可能害怕某些事情，例如小孩。這時，要改變狗狗的聯想，並獎勵他冷靜下來的行為。

〔減緩方法〕首先，別讓狗狗搶先到門前，等他冷靜下來，再獎勵狗狗，讓他知道客人來訪是好事。進一步，摸摸來訪的客人，並讓狗狗嗅一下包包或隨身物品，用平靜的語調對話，代表沒有敵意，然後讓客人背對著進門，安靜地坐下來再用食物獎勵狗狗，或是遠遠的丟零食給狗狗，若狗狗願意的話，再把食物放離客人近一點，用食物搭起友誼的橋樑。

記得，適時地獎勵狗狗，讓他把對客人壞的聯想轉變成好的，千萬不要貿然地摸狗。如果狗狗還是緊張無法放鬆，這時讓他退到覺得安全的地方休息，不要操之過急。平時可以請朋友親人來訪，讓狗狗慢慢習慣這樣的練習。

由於米克斯都是浪犬的後代，本來就有在外警戒性高、習慣保護地盤的本能，但我們可以透過練習改變、減緩吠叫行為，進而融入家庭生活。

③興奮吠叫：

〔成因〕狗狗太興奮的時候也會吠叫，這時要避免罵狗狗，不然會演變成客人來時吠叫警戒的狀況。

〔減緩方法〕客人來訪時，平靜地和對方聊天，讓客人安靜入座後，此時稱讚狗狗冷靜的行為。

④要求吠叫：

狗狗吃飯或有要求時，也會用吠叫的方式來得到關注。

〔減緩方法〕但許多人會用罵的或安撫的方式來應對。這樣會讓狗狗覺得叫=好處，主人反而應該先忽略他（不要有任何互動）來改變情境（離開區域），等狗狗冷靜下來再稱讚他，獎勵等待的行為，這時可一點一點餵食，訓練延長等待的時間，最後再給他全部。

⑤焦慮吠叫：

不習慣分離的狗狗，會用吠叫來表示他當下的焦慮不安，為了呼叫同伴出現來陪伴自己。

〔減緩方法〕環境的不確定性導致狗狗沒有安全感或對人依附關係過於強烈、身體不適都有可能產生此種吠叫行為，最主要的方法還是要讓狗狗有安全休息的避風港、讓他自己在家有事情可以做、就算主人在家走動時也能安靜的休息。

吠叫的狀況也會有複合型，這時要多觀察自己的狗狗吠叫的情境、頻率、次數，找出吠叫的狀況為何才能對症下藥，需要的時候請教行為醫師、寵物訓練師來家裡諮詢上課或是帶狗狗去專門的教室上課。

QUESTION 7

如何用五步驟有效改善狗狗分離焦慮狀況？

狗狗和主人分開時，因為不安而會有幾種焦慮狀況出現：

① 持續性地哭哭、吠叫。

② 破壞家具。

③ 抓門、窗試圖逃離現有空間。

④ 焦慮地踱步、喘氣。

⑤ 傷害自己。

這時，我們可以用五個步驟，讓毛孩適應和主人分離這件事，慢慢改善分離焦慮的狀況。

① 佈置尋寶遊戲以及安心休息的小空間：例如有主人味道的衣服（主人的氣味能讓狗狗安心）、耐咬的玩具、藏食、益智玩具或在家裡藏零食讓他去尋寶。

② 開啟電視聲或舒緩狗狗的專屬音樂、古典樂（需注意聲音都不宜過大）：讓狗狗有熟悉、安心的感覺。

③ 用舒緩寵物情緒專用的精油做輔助。

④ 出門動作拆解：有些狗狗一看到主人有拿鑰匙、揹包包、穿外套的動作，就直覺反應主人要出門了，而開始焦慮。這時，會建議你只要做了其中一項，就先回到座位做平常的事，讓狗狗冷靜、休息。等他冷靜下來後，再給予稱讚獎勵他。因為狗狗會觀察主人要出門前的準備動作，我們要做的就是讓狗狗對於主人出門這件事情的敏感度能夠降低，避免狗狗因主人的離開而過於焦慮。

⑤ 安靜離開和手勢指引：要出門前，不要和狗狗有眼神接觸或跟狗說再見都是不行的，以免讓他有期待，練習要用安定手勢讓他知道要自己在家找事情做跟休息。

⑥ 回家等狗狗冷靜再給予稱讚：原因是讓狗狗不要太亢奮。

如果以上都不能解決狗狗的狀況，就必須思考其他不同的原因：像是沒有運動散步以釋放能量、狗狗身體不適或過敏、獨自在家被嚇過、年紀還小、換環境…等。每隻狗狗的狀況不同，分離焦慮如果已經非常嚴重，請尋求獸醫師的幫忙，適時地用藥物或健康食品幫助緩和狗狗的焦慮情緒，要耐心找出原因，問題才能迎刃而解，人與狗的生活品質也才能提升。

QUESTION

8

狗狗在家時，一直搞破壞怎麼辦？

家中物品被破壞大都是因為狗兒焦慮、壓力、感到無聊、分不清楚能玩或不能玩的、和主人互動關係不好而搗蛋⋯等原因演變而來，當狗狗的需求沒有被正視且確實滿足的話，難免就有大搞破壞的狀況產生。

這時，可以透過定時定量的散步、散步時確實滿足狗狗嗅聞需求⋯等方法來降低狗狗在家搞破壞，還有「主人是否有好好地和狗狗一起玩玩具」，而不是把玩具丟給狗狗就好，因為認真的和狗玩玩具，能培養親子關係、增加信任度。而且，看狗玩玩具的方式，其實可以透露出他們的需求，一般來說：

①得到主人的注意力。

②拿來跟主人互動遊戲。

③發洩情緒或精力。

以一般上班族為例，狗狗有很多的時候都必須自己待在家中，雖然他們的睡眠時間很長，但如果長時間獨處沒事情做，還是會感到無聊、焦慮。以下介紹八種玩具能力幫助狗狗「有事做」！

①漏食玩具：這類玩具能幫助建立成就感、好奇心、自信心，像是漏食球、漏食不倒翁、漏食摩天輪。不喜歡玩這類玩具的狗狗，大部分是不懂得如何動腦去得到食物，我們需要引導他們去得到食物，產生興趣以及成就感。

②嗅聞墊：搜尋獲取食物的成就感，提升狗狗自信。

③啃咬玩具：啃咬傢俱時，當下用玩具跟狗狗做交換。

④分散注意力、紓壓、籠內訓練：通常會在玩具的洞裡放入肉泥，讓狗狗可以舔到肉，有點難度但又不會直接獲取食物，可以讓狗狗產生高度興趣想要去獲取裡面的肉。

不過狗跟小孩一樣，玩具玩久了或沒有什麼變化的話，也會感到膩，而達不成吸引他的作用，所以讓玩具保持新鮮感也是十分重要的，但若不想一直花錢買玩具，其實自製玩具，狗兒一樣會喜歡喔！我們也可將玩具分難度、零食分等級給狗狗玩，越高難度的玩具可搭配好吃的零食，以此類推：

①毛巾、襪子：內藏零食，透過翻找物品增加自信心。

② 紙盒、紙箱：狗狗有撕裂東西的需求，先內藏零食在紙盒紙箱後再適時提供給狗狗，可讓他們紓壓獲得滿足感，透過撕裂後得到零食。

③ 紙杯：製作機關，讓狗狗動腦去獲取零食，建立成就感、好奇心、自信心。

④ 牛奶盒：製作機關，讓狗狗動腦去獲取零食，建立成就感、好奇心、自信心。

而玩玩具的時間也很重要，我們通常會分為兩種時候：

① 要跟狗兒一起玩耍的時候。

② 主人出門的時候才發給狗兒玩（但要注意是否有吞食的危險性）。

有些玩具平常玩不到，對他們來說會有新鮮感，也才能順利轉移他們看到主人出去的焦慮感（如果狗狗的連結是「玩具＝主人離開」，而造成焦慮，這時就不適合用這樣的方式）。

以上方法可幫助狗狗紓壓以及盡可能消耗他們的精力，讓搞破壞狀況降低，當然，每天定時定量散步，以及把貴重物品及傢俱保護好、不要「引誘犯罪」還是相當重要的！

最後，要提醒大家，不管你家孩子目前遇到什麼問題，一定都可以有方法解決。現在網路發達，找到有相關經驗的飼主交流經驗也是很簡單的，我們有成立「教他不要放棄他」社團，歡迎大家加入交流，別讓可愛的孩子變成浪浪。

掃 Qrcode
看浪浪別哭怎麼教！

QUESTION

9

散步時，狗狗容易爆衝怎麼辦？

帶狗狗出門散步，不只是解決上廁所問題而已，對狗狗來說有許多好處，像是：

① 紓壓

② 增加社會化、減少緊張：多多認識外界的聲音和味道，讓他不會畏縮害怕。三至四個月的狗狗正是社會化的黃金期，可以趁這時多多讓他們接觸外界、培養膽量。

③ 定時定量的散步，能減少在家亂大小便的狀況。

④ 減少狗狗在家搞破壞的問題。

⑤ 建立自信心，讓個性比較不會畏縮害怕。

如果散步時，狗狗易有爆衝的情況，有幾個可能原因：太久沒散步了而過度興奮、對主人的信任感不足（沒有安全感），如果是這個原因，可以觀察狗狗散步時是不是總離自己很遠來判斷，最後，可能是嗅聞需求沒有被滿足。

帶狗狗散步時，時間和次數很重要，因為狗狗是需要規律生活的動物，如果突然發生變化，可能會衍生出不好的行為，像是吠叫、亂大小便、焦慮等等。所以主人要維持規律的散步時間和次數：

① 時間：每次二十至三十分鐘，大型犬的話要再增加。

② 次數：每天兩至三次。

③ 注意：當狗狗嗅聞時，不要阻止他（如果是安全的話），當他認真嗅聞時，讓他保持十秒以上，以滿足他的好奇心。如果硬把他拉走，狗狗會變得太過興奮或不確定感升高，會因如此導致剛才的嗅聞需求還沒有完全被滿足，嗅聞能大量消耗他們的體力和精力，可能比消耗他們的體力還有效喔！

萬一家中的狗狗是膽小狗，可以從室內環境開始學習起，佈置出嗅聞用物品讓室內環境多加豐富，讓狗狗能適時的紓壓並增加自信心，之後幫他規劃散步路線時也要更細心縝密，良好的散步經驗是很重要的。

以上幾個方法，都能幫助你面對毛孩時，有方法地「教他不要放棄他」，正因為是自己的孩子、是自己的家人，需要更有愛、更有耐心地傾聽狗兒真正的需求！相信透過好好練習，毛孩們都能慢慢成長、和主人磨合得更好，增進彼此的感情。

CHAPTER 3

浪浪送養成功的案例

每隻浪浪的出生不同、個性不同，苦難的經歷也很不同，然而，仍有許多浪浪幸運地遇見了有緣且有心的領養人，透過這一章，可以看到不同類型的領養人，是如何用他們自己的方式去接納一個曾受過傷的珍貴生命，以及又怎麼用愛去等待、用愛教導陪伴的故事。

01

浪　秀秀

遇見無畏浪浪殘疾的領養人

天生殘疾但勇敢的小女孩

秀秀是我們放在身邊中途照顧最久的孩子了，這期間我們一起度過了好多大小事。看了好多醫生、經歷了四次手術、撿了好幾顆被換掉的小牙，兩人四狗擠在同張床上過了將近一百個夜晚。

秀秀是在二〇一九年初，被淑珠姨帶來我們身邊的孩子，秀秀的媽媽是長期生活在大坑一隻不親人的浪浪，愛媽每天都去該地餵食，希望跟她建立感情後能夠替她結紮。但戒心極高的母狗總是遠遠地觀看，直到愛媽離開了她才會很小心地上前進食…如此難以靠近，更別談替她結紮了。

某天，愛媽擔心的事情發生了…當地餵食的愛媽在那裡發現三隻剛生出來的小浪浪，而其中還有一隻狗狗的四肢明顯不健全。

米克斯原本就難找家，更何況這樣天生有殘疾問題的，第一時間愛媽動了想

替她安樂的念頭，因爲…這孩子既沒有條件流浪，送養成功的機會也極盡渺茫。但如果和秀秀相處過就知道她生命力多麼強盛，眞的很難讓人放棄她。

進入浪浪前，愛媽曾帶她看過三位醫生，醫生皆表示她的腳天生畸形且無法醫治，現在還能勉強用前腳爬行，但隨著年紀漸大，四肢會慢慢退化。直到諮詢第五位外科專業的醫生終於尋得了一線希望。

醫生說：「這可以好，但需要開刀手術，而且要趁狗狗年紀小的時候做，手術難度高，所以要價也高…。」

讓秀秀重拾健康的集資計劃

但…若能讓秀秀往後十幾年都能好好地用四隻腳走路甚至快樂地奔跑！我想錢應該不是最大問題，因爲沒什麼比能讓這孩子健康生活更重要！不過…回歸現實，這筆錢不是我們或者愛媽能夠獨自負擔，又要等到何時才能等到願意承擔這筆龐大醫藥費的領養人…。

不過，手術卻不能等，於是我們決定爲秀秀展開集資計畫，替這孩子盡快籌措費用，因爲我知道願意對秀秀伸手的不只我們，果然，秀秀的醫療集資計劃在上線一小時後就順利達標，一週後秀秀就順利進了手術房，接連的把四隻腳手術完成，而中途秀秀的時間也已經長達四個多月，我們也開始爲她正式找家。

很多人都問：「怎麼捨得把秀秀送出去？秀秀會很難過吧？」也經常會有人問，難道把這些親自照顧過的孩子送出去不會覺得不捨得或者難過嗎？

但…我非常明白，秀秀是一個需要特別照顧的孩子，開完刀後需要有人一天照三餐幫忙復健維持一年，還要每週帶回醫院複檢…若復健沒做好，是會嚴重耽誤她恢復情況的。

我們已經有三隻狗兩隻貓，以及北中南三間店加起來共二十六隻等家浪浪要照顧，我們的日子是經常北中南到處跑。即使再怎麼不捨，我知道我們對秀秀絕不是最好的選擇，但若送給完全陌生的人，我們又何嘗不會不放心…。

用「愛孩子的心」照顧浪浪的領養人

一直在腦海裡搜尋適合的熟人，沒多久後就跳出了Seven的臉！Seven是我們其中一個領養人，在二〇一七年三月份的時候來到浪浪，她領養了當時已經八歲的甜甜，一年後在例行健康檢查下，發現甜甜得了「黑色素瘤」（相當於人

類的惡性腫瘤），但Seven一點都沒覺得自己很衰，反而更珍惜與甜甜相處的每一刻。

她年年替甜甜舉辦盛大的生日派對，天天帶著甜甜一起去上班，就是想在有限的日子裡，爭取更多能夠幸福的時間。

除此之外，Seven去學食療、深入了解此病相關的醫療方法，積極控制治療甜甜的黑色素瘤，她在醫院出現的次數之頻繁，醫生甚至還打趣的說：「眞是從來沒看過這麼愛帶狗看醫生的主人。」

兩年的時間，我們與Seven因爲甜甜變成了家人，甜甜也在Seven的細心照料下，維持著良好的狀況。除了無極限疼愛自己的狗之外，一路上還經常看見Seven對其他浪浪無條件的援助（捐款給需要幫助的愛媽，幫忙當小中途）。我們幾乎每天都會閒聊幾句，每個月都會一起帶狗出去玩，也知道愛狗的Seven一直有想再養二寶的念頭，我左思右想都想不出來比Seven更適合照顧秀秀的人選了！於是在一次聚會上，不要臉地勇敢問一回，沒想到就此開啓了秀秀回家的大門！

能把秀秀交給Seven，是我能淚中帶笑親手送她回家的關鍵，因爲我知道這

掃 Qrcode
看秀秀的回家影片！

掃 Qrcode
追蹤秀秀的幸福生活！

獨一無二的孩子，會得到比在我們身邊得到更好的照顧十倍甚至百倍。

謝謝Seven不怕往後十幾年的麻煩和付出，讓這一出生就四肢殘缺的辛苦孩子有了一個翻轉命運的機會，也謝謝愛媽淑珠姨帶這特別的孩子來到我們身邊，更加感謝一千一百〇二位贊助秀秀手術的朋友們，是你們，爲秀秀鋪了一條平整好走的路，讓這原本舉步維艱的孩子能有這麼快就走到家的機會。

你問我會不會難過？會不會捨不得？答案是「當然會⋯。」但⋯當中途的我們，永遠都要認清該放手就要放手，因爲一定要讓孩子去過更好的生活，也才好空出位置，繼續爲了下一隻浪浪奮鬥！

02

浪浪別哭 拉比&阿努

遇見把狗狗當孩子疼的女超人媽媽

在一個家庭裡，養狗貓和寶寶究竟要怎麼兼顧呢？許多準備要當爸媽，或是已經當爸媽且有養狗狗貓咪的家庭，或許都有過以下的疑問。

Q：生孩子＝不能養寵物嗎？

Q：難道狗貓和寶寶不能和平共存嗎？

Q：爲什麼國外有了孩子才想要養狗？而我們卻是有了寶寶就把狗送走？

相信這些問題存在於許多準備迎接新生兒的家庭中，在這篇裡，我們找到了拉比和阿努的領養人作爲例子，或許不能給出所有家庭都適用的完美解答，但肯定能爲這一課，多些預期和心理準備～

認養拉比－搞威又粗魯的高需求寶寶

這次的主角家庭的故事，要從在浪浪別哭認養的第一隻狗狗拉比說起。才五個月大的拉比與同胎哥哥，最初跟著媽媽在新店一帶的民宅流浪，然而狗媽媽

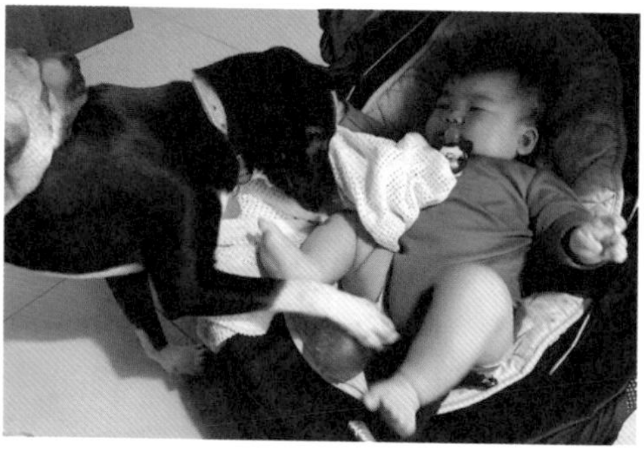

因生產虛弱、免疫力下降，因而全身的毛髮嚴重脫落，附近的居民看了都深怕被傳染，大家全都避之唯恐不及，就這樣帶著兩隻嗷嗷待哺的孩子不知道該何去何從，不幸中的大幸是，他們遇見了愛媽，之後輾轉來到浪浪別哭。

拉比的個性十分親人親狗，不過這孩子特別愛講話（會讓人誤會他愛叫），對什麼事情意見都滿多的，加上從小就看得出來他將來體型會很大，還有玩起來動作總是特別粗魯…擁有了各種讓人會「不想領養的點」，因此送養期間讓我感到非常吃力及憂心。

不過緣分就是如此奇妙，拉比在浪浪別哭終究還是等到了不介意他未來會很「佔空間」的家庭，也願意包容他粗魯的玩法，是懂得眞正欣賞他健談個性的家庭！領養後不出意料的，常收到領養家庭傳來拉比在家又如何大搞破壞的事蹟…不過，我們在這家人眼裡，從來就沒看過一絲想要放棄或感到後悔的猶疑。

認養阿努－適逢第一胎寶寶出生前的幾個月

這對領養人之後仍是浪浪別哭常客，常常帶著拉比回娘家來玩，一年後拉比的媽媽懷上了第一胎，挺著大肚子的她依然帶著老公和拉比一起回來吃飯，但誰也沒料想到，就在拉比媽懷孕七個月的時候，他們再次來到店裡，碰巧遇見了剛來等家的阿努，當時的阿努極爲沒有安全感，因爲才四個月大的她，其實已經歷經了收容所，之後被領養，那時以爲是幸福的開始，卻又遇上不當飼養，獨自讓她在髒亂惡劣環境的廢墟裡生活，甚至因爲領養人粗心沒關門而走失，差點發生意外…這些都遠遠超出她小小的年紀所能負荷。

曾經不堪的過去，造成了阿努到店裡後，一見到人就跳得高高，黏得緊緊的，好似生怕一個不注意，又要獨自被丟下…也或許是這模樣，讓女主人就算肚裡還有個即將到來的新生兒，她也想讓阿努有一個眞正的家，讓阿努知道她再也不會被拋下。

但對於領養人在這個懷孕時期（而且還是第一胎）提出申請領養第二隻幼犬，而且還是有行爲問題的幼犬，這讓我感到很意外而且非常不放心。因爲當時的拉比也只有一歲多，活力正旺盛而且體型相當大，再加上女主人沒有生孩子經驗，生第一胎一定會很手忙腳亂，怎麼能在這時候再帶一隻幼犬回家呢！？

在她提出這個荒謬的主意後我立刻打槍她，而且轉身和她身旁的老公說：「ㄟ，你老婆是不是瘋啦！」沒想到老公不但沒附和我，反而支持她的決定，他說他們沒問題的！可以放心把阿努交給他們的啦！」（省略後面一整串被盧讓他們領養的話）。

雖然還是挺擔心的，但看在領養拉比的這一年，這對夫妻眞的是待狗很好，也很包容，心想就試試看吧！同意了讓他們把阿努帶回家。

實際接回家後的阿努，其實比他們預期中還要難照顧，各種問題也接踵而來，例如：天性警戒怕生的她容易對外吠叫、在外面沒安全感而導致不敢散步（無法跟拉比一起解決上廁所問題）、過去挨餓的經驗導致她會亂吃東西、對來家裡拜訪的客人也非常不友善…諸多狀況都還是這一家人仍還在面對、並嘗試透過寵物訓練師等等協助持續克服。

而且在新生兒出生後也眞的一度手忙腳亂，女主人說，還記得有一次小孩拉肚子、狗也拉肚子，結果搞得整間屋子都是大便臭氣沖天，當時眞的是驚叫連連抓狂不已，但現在想想都是很好笑的回憶。

不過特別值得慶幸的是，阿努和老大拉比，打歸打、吵歸吵，也算是磨合出一套相處的微妙平衡，兩兄妹對剛出生的人類弟弟，也都出乎意料地表現出最溫柔的那一面，儘管哭鬧成一團的災情仍時有所聞，三個寶寶目前也持續挑戰神力女超人媽媽的極限中，但這一家人始終願意傻傻地相信只要不放棄，就能夠繼續！

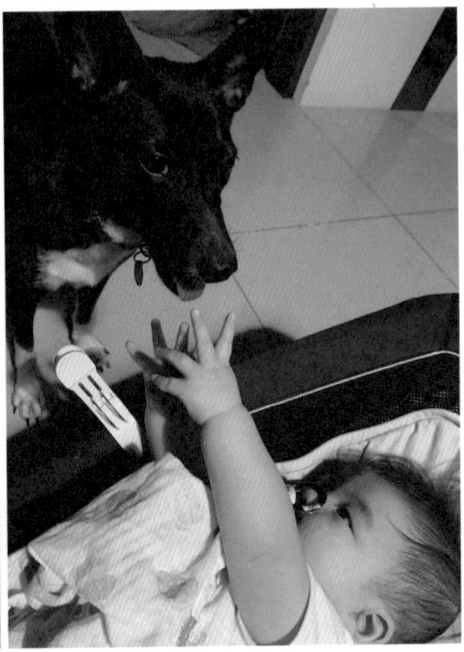

後來女主人再回憶起這段，直說當初決定再領養的確是自己太過衝動（當初不就跟你說了嗎！？），不過她仍非常堅決地對我們說：「只要是家人，就絕對不可能丟給別人！既然養了就養了吧，還能有什麼退路呢？能做的就是把每個都當寶一樣疼，相信這些孩子也是非常愛我們的，然後就繼續縱容他們用無害模樣，再騙我們到永遠吧！（笑）」

不離不棄，因為他們是我的家人

雖然本篇一開頭的那些提問，說真的我們都沒有最實務上的解法，或者說，能講的其實也就老生常談，要有耐心、要讓小孩和毛孩彼此慢慢適應、不要大聲訓斥…這些相信各位拔麻也都謹記在心。但其實從這個例子中，我們所看到的是領養人面對領養這件事的正確態度，也就是領養人不斷想告訴我們以及其他人的那句：「任何時候發現自己能力不夠了，那就是自己再次升級的好時機啊！」只要願意面對問題，同時不斷自我升級，想陪孩子成長的我們，總不能沒有長大吧！

以下節錄自神力女超人媽媽的育兒和育犬日記：

「慢慢的

阿努有一小點點的進步

掃 Qrcode
追蹤拉比＆阿努的幸福生活！

帶她出門時偶爾會笑
眼睛也會撥空去治療
希望她能越來越棒！」

「阿努今天非常盡責的當起好姊姊
跟弟弟一起玩搶玩具的遊戲
平常像隻小坦克的努努
對待弟弟都會比較溫柔
也願意讓弟弟摸她抓她
好像眞的知道弟弟是需要她疼愛的一樣」

#領養代替購買 #不棄養 #一輩子愛

所以啊～究竟寶寶和狗狗該如何兼顧？只要有全心的愛就不是問題。正因爲有愛，嘗試積極面對問題，正因爲有愛，所以不斷自我升級，正因爲有愛，一家人的關係才能更堅固！畢竟家裡只是多了一個成員，沒有任何原先的成員需要因此被犧牲放棄的！

03

浪阿甘

遇見願意包容慣性逃家狗的領養人

因為在收容所長大，所以個性變得膽小

阿甘，一個從三四個月大就到收容所一路住到五歲的小孩，高雄愛媽在網路上多次看到他的送養照片，覺得這麼漂亮的小孩，爲什麼這麼多年都沒能被領養？或許是阿甘天性較爲膽小，加上在收容所待太久個性變得封閉，這樣和人無法互動的孩子，加上年紀一年比一年更長，所以一直遲遲沒能被領養吧…？

愛媽爲了阿甘特地挪出了空間，在台北網友熱心的幫忙下，把阿甘帶到了高雄開始了阿甘的中途生涯。帶他回家的隔天，愛媽帶阿甘到公園散步，想讓他好好吸吸自由的空氣，但半途中因一時大意鬆了牽繩，阿甘發現牽繩鬆了，隨卽頭也不回地用力狂奔，一口氣跑了三個小時之久，一群人苦苦在後頭追、還加入了網友騎摩托車幫忙找，才終於在數小時後尋回了阿甘，而阿甘這名字也是因此得來（源自電影阿甘正傳）。

接著兩個月家庭中途的時間，發現阿甘雖然個性封閉，從不主動靠近人類，

但也從未有過任何激烈反抗或攻擊行爲，跟家中其它三隻狗也都能相處融洽，獨立、不吠叫、不搞破壞、散步穩定、熱愛嗅聞、喜歡在戶外上廁所，其實能夠算是一隻很好照顧的狗兒。

第二次因意外而逃跑

徹底了解阿甘狀況後，阿甘來到了台中浪浪別哭等家，但五天後又再次發生客人兩個門都沒關好，讓早就伺機而動一直在找機會的阿甘再次發生逃脫意外…而阿甘跑掉的那一晚，我們正要去收回一隻已經送養一年的狗…他因爲和領養人原本家中的狗發生嚴重衝突而被退養了，她是一個我們原本都認爲很棒的領養人，也是一個一直保持著良好關係的領養人，去接狗狗的路上，心裡已經很五味雜陳。

就當我們去接狗的路上，還收到台中店打來的電話，告訴我們阿甘因爲客人進來後沒關好兩扇門而跑走了，大家都已經跑去追了…當下眞的嚐到什麼叫作「雪上加霜」…。我們接到被退養的狗兒，連難過都來不及就立刻從內湖衝回台北的家帶班班、吐司、拍拍，當晚本來要和台北店同事聚餐的，臨時這麼一搞也完全沒心情了，一車四狗兩人，匆忙回台中要加入找阿甘的行列，做中途就是人生隨時充滿任何意外…。

事情發生後的兩個小時，我們還奔馳在高速公路上，所幸在尋找阿甘的群組中就傳來了好消息說狗兒平安找回了，回到店裡看著夥伴們各個累得不成人形，但依然緊抱著阿甘，不停安撫他。

聽夥伴說六七點的時候路上車好多，大家爲了保護在大馬路上亂跑的阿甘各個用肉身到大馬路上擋車⋯兩個半小時的同心協力下，終於順利等到阿甘累了在路邊坐下，但在抓他的過程還是讓三個人受了傷⋯。

太過勉強，而讓我們徹底長考

發文報平安後被一些留言質疑我們照顧不周，說眞的雖然不中聽，但經過一個晚上的思考，我知道我眞的做了超出自己能力的事情。也讓我的夥伴以及每位來幫忙的人深陷危險。

我應該是最了解我們環境特性與限制的人，某些狀況的狗兒，眞的不是我們能夠幫忙的（緊張的、膽小的、不親人不親狗的）。在勉強的狀況下做這件事，事實證明只是讓人和狗都陷入危險，以前的我總覺得只要咬緊牙，大家苦撐一下就可以幫這些不親人或膽小的狗找到家。

經過這次事件的我認知到，我們眞的有限，需要做自己眞有把握能做好的事情、中途眞的適合我們這個環境的狗貓就好，不該再勉強當中途，意想不到的意外，眞的好多好多，如果不做中途，生活，就不必再擔這麼多意外吧…我不會說我不幹了，但從今爾後，一定要量力而為，不能再勉強，爲的是能把這條路走得久久長長。

還好「問題阿甘」沒有在浪浪別哭待太久，快滿月的時候，他的領養人小敏就出現了，小敏說她其實Follow我們好久好久了，終於做好準備要再帶一隻狗狗回家，她也知道像阿甘這樣的狗狗送養不容易，也擔心就算眞的找到家後，會因爲個性上總總問題讓阿甘有被退養的危險，於是她終於出手了。

她的工作型態是可以每天帶狗上班下班，能有很多時間和阿甘慢慢培養感情和照顧他，對於阿甘曾兩次「落跑」的問題，我們也再三耳提面命提醒，領養人也答應我們一定會小心，牽繩也絕不會離手。

「問題阿甘」再次逃跑

但…沒想到送養第三天的中午，就接到了小敏打來的電話（每次看到領養人突然來電我都會很驚嚇，因爲一定沒好事情…），電話那頭小敏的聲音聽起來驚慌失措地說：「阿甘不見了，他咬斷牽繩逃跑了！」，她有把牽繩綁在辦公桌腳，只是離開一會兒辦事情而已…。

其實聽到的當下，不知道爲什麼沒感到任何意外（可能已經兩次了吧，知道他是逃跑慣犯），而是覺得無力又心涼…掛掉電話後像是機器人一般地打開上次阿甘的協尋檔案，把最新走失的地點和時間放上去，接著告訴腦板把拔這個消息，要在外面的他趕快回來，我們就帶著班班一起到他走失的地點開始尋找。

每一次，找狗的過程眞的是我覺得中途這件事情裡面最最最痛苦的，此時此刻都非常能體會什麼叫「大海撈針」，也才會留意到路上原來有這麼多地方可以讓狗躲藏，而且狗四條腿，跑得又比人快！眞的是勝算很低很低啊！好在每次找狗都有許多網友來幫忙，阿甘走失的這一次也是，在找狗的當下不停地騎車到處徘徊，也遇到了許多熱心的網友一起幫忙尋找，但這次大白天的，繞了四個半小時卻沒有半個人看見他的蹤影…正在擔心到底是不是找錯方向的時候，搜尋群組突然有人傳來模糊的狗照片說看見阿甘了！

眞的找到阿甘了，逃跑四個半小時後，阿甘終於跑累了，選擇在一處公園的樹下納涼，但知道阿甘看到人就會繼續跑的習性，一群幫忙尋找的網友只敢遠

遠包守在附近，最後還是派出店狗「班班」——阿甘喜歡的狗朋友靠近，才順利讓阿甘停下腳不再逃跑。

領養人仍願意用愛心耐心陪伴

雖然阿甘找回來了，但說眞的每天也是提心吊膽的⋯（因爲阿甘實在有太多次逃跑紀錄），而領養人小敏更是壓力極大，她要面對的不只是阿甘可能隨時會跑走而已，還要面對我們、愛媽以及所有關心阿甘的網友還有以前阿甘收容

掃 Qrcode
看阿甘的回家影片！

掃 Qrcode
追蹤阿甘的幸福生活！

所的志工。

她說，走失回來後，甚至在夜裡她都會驚醒查看阿甘還在不在，深怕會不會哪裡出現黑洞又讓他跑走⋯。我也曾擔心，領養阿甘，帶給小敏這麼大的壓力是否會動搖她的決心？

但小敏說：「我只擔心你們覺得我沒有資格，然後把他帶走⋯。」

有人說：「阿甘不喜歡那。」

有人說：「阿甘是太愛好自由。」

而小敏說：「阿甘只是在收容所住得太久太久，他的小小腦袋瓜裡根本不理解『家』到底是什麼？」

從今爾後，小敏一家將會一天一天用愛填空，把阿甘那多年空白的腦袋瓜裡，塡滿各種關於幸福的念頭。

04

浪小威

遇見永不放棄的愛媽和新家庭

小威履次患病的心酸過程

小威是一隻貨眞價實的「哈士奇」，哈士奇怎麼會出現在浪浪別哭？這是最近來的客人都會有的疑問。

那是因爲小威回家的路特別艱辛漫長，等家等了七年的他，耳朵曾因血腫導致變形萎縮，又曾因爲得到毛囊蟲，沒被妥善照顧，造成全身潰爛嚴重⋯。

經過愛媽的救援和長達兩年的協助治療後，小威才終於漸漸恢復健康，同年原本要開放送養了，但沒想到小威的脖子又被發現長了三顆腫瘤⋯。好在有愛媽用心照看下，五個月後腫瘤完全消失，這所有困難遭遇重重阻礙了小威回家的路⋯讓身爲「哈士奇」的小威直到七歲了都還沒能回家。

於是我們破例收了品種犬讓小威來到浪浪別哭等家，因爲我知道，如果七歲的他再找不到合適的家，很有可能一輩子都回不了家了吧⋯（而且大型犬一般壽命只有十二歲）。

小威非常的穩定、獨立，就好像心裡住著一隻貓，對人並沒有特別熱情，但也不會有任何有害行爲，不管是散步、梳毛或洗澡，小威總是顯露一派淡定穩重的模樣。但，只要身邊出現貓咪，他就會特別開心想玩耍！甚至常常堵在二樓貓區門口，等著看看會不會有貓咪來跟他玩耍！

中途小威的時間有一個多月，原本還擔心會不會不好照顧，但這一個月來卻發現小威出奇地溫和、乖巧，而且完全不惹任何麻煩，種種的逆來順受和懂事與他美麗高貴的外表更是兜不起來。

但…沒有慶幸的心情，反倒看小威這樣很是心疼…我知道那是因爲這兩千多個日子裡，小威從沒享受過被溺愛的感受…。他早就習慣每天和許多毛孩早已一個接著一個得到幸福…只有年紀越來越大的小威依然站在原地等不到一份屬於他的歸宿…。

終於，在某個週末，小威的家人出現了，他們一家從前就是養大狗（古代牧羊犬），但狗狗老了過世之後，難過了好一陣子不敢再養狗，看到小威的處境後，一家人商量決定鼓起勇氣要帶小威回家。

全心付出、永不放棄小威的愛媽

小威終於可以回家這一天，古代媽好高興，因爲照顧了小威好長好長的時間，替他找家、陪他治療，也爲了他動用許多人脈不斷籌措再籌措可觀的醫藥費⋯但每次小威看到古代媽來訪，都還是會閃得遠遠的（負心漢啊～）。一問之下，才知道原來小威很討厭清耳朵（他耳朵很容易髒），但古代媽總是三天兩頭就抓著小威，要替他清潔。而古代媽從來不因爲小威閃躲自己的態度而認爲自己努力不值得，依然在這幾年間持續爲了小威返家之路費心。

就算到了回家這天，古代媽想跟他拍張照留做紀念，小威都還是那樣一臉不情不願（眞的是負心漢無誤）⋯不過古代媽依然掛著笑臉開車，載著我和小威一路往北，直到親眼看到領養人一家既溫柔又和善（又有豐富養長毛大狗到善終的經驗），古代媽這才放下心讓小威往幸福的地方飛。

每一次的送養都是一次見證人性良善的機會，而小威的返家之路更是讓我看見了一場馬拉松式的人性光輝～如果，你一直覺得這個世界很黑暗，那不妨試試用「領養」重新參與這美好的世界！

PS：感謝在小威回家路上用時間、用金錢、用體力幫助過他的每一位，

掃 Qrcode
看大齡毛孩小威的
找家影片！

掃 Qrcode
看小威回家影片

沒有你，小威就不會有幸福的今天！

05

浪　阿喜

遇見浪浪不親狗也願意接納的領養人

充滿正面力量的甜笑喜德

台中店送養停滯許久的孩子們終於紛紛找到家，所以店裡又再次空出了位置讓我們可以帶新的浪浪回來等家，此時在網路上看到許多人分享了附近收容所「甜笑喜德」的文章。

她「諂媚」的笑容眞的讓人看過一次就很難忘啊（激賞她用如此正面積極的方式幫自己找家！）心想，這可愛的孩子得到了這麼多人分享，一定能很快就被帶回家！但…沒想到過了十天後詢問收容所，卻發現這孩子依然還在…於是我們決定行動把這孩子帶回來送養（這麼努力的孩子不能讓她失望啊！）。

收容所工作人員告訴我們阿喜七歲了，從小在工廠長大，但不幸今年初工廠倒閉，多隻狗狗一起被帶到收容所棄養…收容所員工知道我們的環境也是狗很多，還刻意提醒：「她很親人但眞的『非常不親狗』，如果眞的不行，可以把她帶回來…」，但我們不知哪來的自信，完全不假思索的回頭和工作人

員說「不可能」（帥氣微笑閃白牙）回想了嚕嚕、兔比都非常不親陌生狗，在等家期間搞得店內很爆炸混亂又崩潰…但我們也都是堅強地活過來了！！！而且最後還眞的都等到了一個願意包容他們的家（謝天謝地～）。

所以！阿喜就算再不親狗！但我們什麼大風大浪沒見過（甩髮～）只要親人、不咬人，我想我們撐一下、咬緊牙根應該也會有佛心人士帶他回家吧！（是偉大的領養人給我們的信心！）來浪浪別哭幾天的阿喜很親人也很聽話，隨時隨地掛著諂媚的笑容，看到人就湊上去努力地替自己找一個家。

不親狗讓夥伴們吃足苦頭

阿喜在浪浪住了一個多月後，她果眞的如收容所工作人員提醒「眞的不親狗」…但鬆一口氣的是還好僅限於「陌生狗」（熟了就完全能相安無事）。但阿喜也讓我們體驗到，在七八月酷暑下，要在一間寵物友善餐廳中途一隻不親狗的狗有多麼像在地獄…因爲要降低阿喜與陌生狗衝突的解決方法就是…每當有狗要來時，不管外面天氣多熱…都先牽著阿喜離開到外面繞了幾圈，讓她平靜下來後才能回到店裡來。

這樣的方法雖能降低衝突的發生，但相對地，是工作夥伴會非常累…因爲不管現場多忙，尤其是暑假人又比較多，但只要有狗來就必須放下手邊的工作，到外面去遛狗⋯。

雖然這個問題使得我們異常痛苦，但阿喜唯一的問題「只有不親陌生狗」，但這對一般家庭根本不構成任何影響，我們都從收容所把她帶出來了，就算在痛苦也要咬著牙幫她找到家⋯。

但因爲阿喜不親狗的緣故，也讓他在店裡始終表現得很爛、很兇狠，而且阿喜也已經有七八歲了，種種原因讓我們招數都用盡了，卻還是無法幫她找到家⋯。

後來有一名住在台北的領養人（兩年前跟我們領養過一隻成犬，而且照顧的很棒，有意想領養二寶）與我們連絡，她知道我們替阿喜找家找得很辛苦，和我們表示有意願想領養阿喜，但又很擔心不曉得跟家中原本的狗能不能相處，此時我主動提出我們願意帶阿喜回台北到他們家和家中的狗狗相處看看，但經過一晚的相處，宣告失敗⋯。

領養人讓阿喜開始學習親狗

不過沒想到帶回台北後出現了另一個奇蹟，有一位客人Jean知道我們把阿喜帶回來，她和女兒立刻相約台北店見阿喜，其實二〇一七年在台中店剛開時就認識Jean了，這一年的日子Jean不斷的出現在台中店及台北店探望狗兒們，次數多了，我們開始有了交談。

掃 Qrcode
看阿喜的回家影片！

掃 Qrcode
追蹤阿喜的幸福生活！

問她這麼喜歡狗狗怎麼沒有打算養一隻？才知道她和女兒在這幾年的時間裡一直照顧著兩隻浪浪，也在家中預備好位置想給他們一個家，但礙於狗兒不親人，餵養了多年都還無法接近的緣故，一直無法完成心願給他們一個家，於是Jean只能一直來浪浪滿足她想跟狗狗們相處的願望。直到阿喜出現，Jean和女兒商量好不再爲此緣故延遲想養狗的計畫，他們決心就在此時此刻，給努力的七歲阿喜一個家。

至於那兩隻餵養多年的浪浪，母女倆也絲毫沒打算放棄，Jean說她要天天牽著阿喜一步一步慢慢的認識那兩隻浪浪，直到有一天，兩隻浪浪願意接受她們母女倆，阿喜也會因爲熟悉這兩隻狗兒，而願意一起分享家中的一切吧。

時間一下子過了一年，阿喜這一年過得非常幸福，主人常常帶著他遊山玩水，而且也沒有忘記過對原本照顧的那兩隻浪浪的承諾，眞的三不五時的就帶著阿喜去和他們慢慢的相處，而阿喜對狗不友善的態度也在這一年改善了很多很多非常得多。

她們眞的是很棒很棒的領養人，我也知道不管在未來的日子中發生任何困難，她們也一定一定不會再讓阿喜難過失望。

06

浪 娜汀

遇見耐心非凡的領養人

一年前，娜汀只有兩個月大，不知道怎麼的，她突然出現在荒郊中的墳場，好加在剛好被當地餵養浪浪的愛媽遇上。

「又是哪個天殺的跑來這裡棄養…」愛媽氣憤又無奈的心想。同時抱起了餓昏在地上的小娜汀，嘴裡嘟囔的說著：「算妳這小傢伙運氣好！走吧，讓我帶妳回去飽餐一頓吧，然後替妳在國外找個家吧！」

接下來的日子，愛媽努力教導著娜汀，希望透過訓練，讓她盡量符合國外送養的標準。每個週末，愛媽還會開著車，帶著娜汀和一批浪浪離開只有自己和狗兒的這個地方，不辭辛勞地帶著一群浪浪，特地開到人潮聚集的地方讓他們能和人接觸互動，目的就是希望這些孩子千萬不能忘記如何與人類相處。

但…在幾次的互動後，她發現娜汀特別懼怕高大的男生，甚至會有低吼驅趕的行爲出現…這樣的反應，讓娜汀丟了出國找家的機票…因爲愛媽擔心，外國男人更是高大，而娜汀在極度壓力下，若眞有咬人情況可能會被帶走直接安樂…。

輾轉之下，娜汀來到了台中浪浪，在來之前，愛媽是這樣敘述娜汀的：「娜汀剛換環境會很緊張，不過過一天就會好了，她很喜歡玩玩具，親人親狗，但興奮的時候會吠叫，除此之外沒什麼其他問題。」

果然一句都不出愛媽預料，一歲兩個月從來沒離開過愛媽的她，剛被送來的那一天十分緊張，一直癡癡地望著門外，盼著愛媽趕快回來接她。但隔天她就把所有害怕擔憂都拋到了腦後，開始跟店裡的人與狗兒們都打成一片，而且接下來的每個行爲都跟愛媽形容的一模一樣（怎麼可以這麼好捉摸啊）。

我知道，論外型，娜汀沒有幼犬來得可愛，論個性她又沒成犬來得穩定⋯，但娜汀的優點其實好多，例如：她的體型大小已固定（十四公斤）、而且基本規矩已經被訓練得很好（不論室內室外上廁所她都會！）活潑歸活潑，但散步前上胸背卻能乖乖穩穩地坐著等待、出門散步也不暴衝（只有比較怕車的聲音），十分喜歡玩玩具（也就是說她不會隨意去攻擊家具）能自己獨處、個性樂觀開朗，其實這樣的狗兒，非常適合不希望有太大驚喜或者不太懂得如何教狗的領養者！

但以一隻米克斯成犬來說，若個性不是格外沉穩，外性又不是特別嬌小出色，在茫茫狗海中，要被看到的機率眞的是很低很低的：娜汀就是一隻這狗兒⋯。兩

三個月大的她因爲遭受過人類丟棄，花了好長一段時間才慢慢恢復對人類的信任，但這也讓她錯過了最黃金的找家時期。

半大不小的年紀讓她不如一般成犬那麼沉穩，但又不如幼犬那樣天眞可愛…而且娜汀還很認人，每當到一個地方中途，有人對她比較好，便死心蹋地的眼裡只有那個人。在中途娜汀的這段時間裡，發現娜汀眞的很認人，一開始被愛媽帶來店裡等家的時候，茶不思飯不想的自閉了好幾天，適應了好一陣子後娜汀又黏上了在店裡跟她最親近的小佩，從此眼裡就容不下任何人…。

卽使幫娜汀的送養文得到了廣大的迴響，也眞的有三組人看了送養文後專程來和娜汀互動，但…娜汀非常之不爭氣眞的讓我覺得很煩！！！這傢伙聽到有人要來看她，平常明明親人活潑的要命，卻在這重要時刻態度一百八十度的大反轉！

而且不親人就算了，還拼命躲在沙發底下，怎麼叫都不肯出來…但當想領養她的人一離開，娜汀就會探出頭來再度恢復平常活潑親人的模樣…左思右想問題出在哪，我想一定是店員小佩牽絆了她…。

打從娜汀第一天進店，小佩就特別愛她，老是直說娜汀好可愛好可愛，就是她的天菜，而娜汀也感受到小佩總是特別照顧她，這一個多月來兩個感情好得不得了！我想，這就是讓娜汀不想走的原因吧⋯。

但⋯小佩今年才二十歲，還在念書，經濟和生活都不穩定的狀況下，實在無法帶娜丁回家（認眞討論過了，狀況眞的不合適）。娜汀很聰明，善解人意又眞的聽得懂「人話」，但，娜汀也眞的很笨！不懂得把握機會，找一個眞正能給她完整照顧的好人家⋯（而且還在這邊卡位置，讓別的浪浪進不來！！）。

頭眞的很痛⋯難道要先開除小佩，等娜汀死心找到家後再讓她回來⋯有人願意出手斬斷這段孽緣嗎嗎嗎？讓娜汀走出這段註定不會有結果的感情吧⋯這死心踏地的孩子，給她時間，她會深深的用生命去愛你啊⋯。

這樣死心眼的個性，對於一隻正在等家的狗兒來說並不是一個好現象，因爲百分之九十想領養的人，都會希望來這裡試試看哪個毛孩會願意靠近自己，而娜汀的死心眼，只會阻礙了她找到眞正對的人⋯很多人都說，既然娜汀這麼愛小佩（或愛媽）爲什麼要拆散他們？爲什麼不收編？

但可曾想過⋯流浪動物這麼多，而人力空間都是那麼的有限，我們將如何繼續幫助下一隻流浪動物？看著娜汀一再投入又一再失望，一再錯過又一再糟蹋

機會⋯單純的她或許永遠不會明白，爲什麼她愛的人總是得離開⋯。

聰明反被聰明誤的她，也總是因爲不想離開，好幾次在有人來看他的時候故意表現得很壞⋯（吠叫、兇人、躲起來）她以爲，只要一直要賴自己就可以不要離開⋯。

直到某天Ting出現了，她並不介意娜汀的慢熟認人，也不在意一開始娜汀對自己的視而不見，也用心學習如何帶領膽小的娜汀散步，慢慢建立娜汀對自己的信任感。

唯一令人擔憂的就是Ting家還有一隻十三歲的臘腸Lala，因爲太少看到狗又太愛狗會興奮異常，又擔心娜汀會出嘴反抗咬傷Lala。帶娜汀回家的這一天，全員到齊在旁觀察兩個孩子的相處狀況，雖然直到我們離開，衝突都還沒減緩。而且隔天Ting帶娜汀到美容院洗澡剪指甲，娜汀因爲不想剪指甲反抗，還在她面前咬傷了人（當下噴血那種⋯）在旁邊的我看的眞是替娜汀連連捏汗，但還好Ting並沒有因爲這些不順而放棄她。

從今天起，娜汀終於可以放心去愛，因爲Ting就是娜汀等待已久那個對的人，一個眞心願意接受她所有不好的地方，也願意付出時間等她慢慢融化的人～

掃 Qrcode
看娜汀的回家影片！

掃 Qrcode
追蹤娜汀的幸福生活！

07

浪 凱欣

遇見深愛黑狗的領養人

外型條件吃虧、令人害怕的黑狗

老實說，看到黑狗就會頭痛，因爲在台灣，黑狗基因實在是太強大太強大⋯而且不管什麼顏色的流浪母狗，總都還是會生出個一兩隻黑狗，路邊、收容所、狗園到處都看得見滿滿滿的黑狗，乍看之下所有的黑狗都長得一樣，偏偏人類又喜歡「特別的東西」、「跟別人不一樣的東西」，因此在「選狗」上，這個人類習慣也是通用的⋯。

凱欣的父母世世代代都在雲林鄉下一帶流浪，他們的外型就是那種最普通最常見，又黑又大讓人感到害怕標準「流浪狗」，從來沒人願意替他們結紮，更從來沒人想過要帶他們回家。

當地的居民對他們從不友善，因此凱欣的家族在那從沒活超過兩年，他們彷彿是過街老鼠一般，有的被車撞死、有的被放毒殺死，但他們依然生生不息⋯不斷出生受苦受難。

直到某天，終於有人伸出了手帶走了凱欣一胎七隻幼幼，希望能從他們這一代開始生命不只有被追打或者害怕，但因爲他們家族的外型都是最普通又最讓人害怕的那種，送養速度持續非常緩慢⋯。

個性成熟懂事的凱欣

而輪到凱欣來的時候，她都已經長得好大⋯也變得更難找家，既始她個性溫和又友善，甚至幫忙照顧每一個比她年紀更小的同伴，好像忘記自己其實自己也是個孩子一般，同樣需要有人疼有人愛。

或許是深藏在她血液中的那種自卑，總是不停的在告訴她：「別傻了，你不可能會有人愛」，在某個下午有位客人蹲在地上和麥蒂玩耍，凱欣看了靜靜地想湊近麥蒂身邊，不小心輕輕擦碰了正在跟麥蒂玩的客人，客人不是故意的⋯但她被突然出現的凱欣嚇了一大跳脫口而出：「她不會咬我吧！」

又黑又大的凱欣，第一眼確實嚇人吧⋯今晚，她將看著疼愛的麥蒂離開，回到屬於自己溫暖的家雖然充滿著不捨，但溫柔的她還是祝福著麥蒂，替她開心著小妹妹終於有了自己的家，而她，還是停留原地甚至破解不了她的外表就是這麼令人害怕⋯。

掃 Qrcode
看凱欣的回家影片！

掃 Qrcode
追蹤凱欣的幸福生活！

苦苦等待終究等到有緣人

就這樣，凱欣從台北店搬到台中店，看著身邊的室友來來又去去，原本就乖巧的她變得更加安靜了…時常發呆望著遠遠的窗外似乎在想著：「他們都說要去一個叫『家』的地方，不知道他們還會回來看我嗎？」傻孩子心中甚至沒有任何想法認爲自己也可以去啊…。

直到某天，文婷一家出現了，她說：「從前家裡也養著一隻像凱欣這樣的大黑狗，而且脾氣又臭又差還會咬家裡的人，但家裡的每個成員都依舊愛他。」

狗狗生病離開後他們雖傷心難過，但一家人看見了凱欣，決定要勇敢來帶走這樣乖巧、卻遲遲沒有人看見的她回家。一起來看看關於凱欣的故事！若之後還想持續見證她的幸福請追蹤IG～

08

浪嚕嚕

遇見不怕「問題狗」的領養人

原生環境很糟的嚕嚕

當中途有一個很困難的地方就是：「很難第一時間判斷這隻浪浪的狀況是否是自己能夠負荷的」，而嚕嚕就是一隻讓我們非常驚訝的狗，救援他的時候，他非常的親人也看不出任何異狀，但帶到店裡來後才發現他是個讓我們永生難忘的難搞傢伙⋯。

嚕嚕來自在台中南區，當地愛媽因爲每天都穿梭在大街小巷餵食浪浪，而發現了嚕嚕這個有家但卻比浪浪還可憐的孩子，愛媽每次經過，都發現嚕嚕在露天的院子，被一條比手臂還短的鐵鍊栓在那⋯。

愛媽總是偷偷的祈禱著⋯「或許只是因爲什麼緣故暫時這樣，應該過不久後就會放開她了吧⋯」，時間一天一天的過，嚕嚕依然還在那⋯風吹、日曬、雨打⋯。

愛媽開始會拿些水和食物給他，每次都能見到嚕嚕像幾百年沒見過人似的瘋狂歡迎愛媽…愛媽再也無法按捺，接二連三的找飼主談，希望主人能改善嚕嚕的飼養方式，主人不耐一再被糾正，在今年八月搬家時把嚕嚕獨自留下…。

輾轉之下，嚕嚕來到了浪浪別哭，被長時間栓住的嚕嚕剛來的時候像一匹脫韁的野馬！看到人啊狗的都顯得異常興奮，似乎是在大叫：「自由了！我終於自由啦！」可憐的孩子，快兩歲的狗生中只有眼前那片沒有顏色的水泥牆…。

從封閉環境中解放的失控個性

也因此，發現她會在有陌生狗狗來訪的時候仰天長叫，直到把大家耳膜都震爆…就只是爲了表示她有多想跟對方玩…她還會在我們睡覺的時候，突然從天而降拼命狂舔，就只是爲了要把我叫醒陪她玩…。

她也會在我們把棉被甩起準備鋪床的那一刻，趁隙一躍而進床與棉被的中間，就只是爲了抓緊任何可以變成一場遊戲的時刻…。明明是個很煩的傢伙，但確很難討厭她，因爲她總是會用她那天眞憨傻的笑容望著你，好似再跟我說：「不要生氣，人家只是想玩呀~~」。

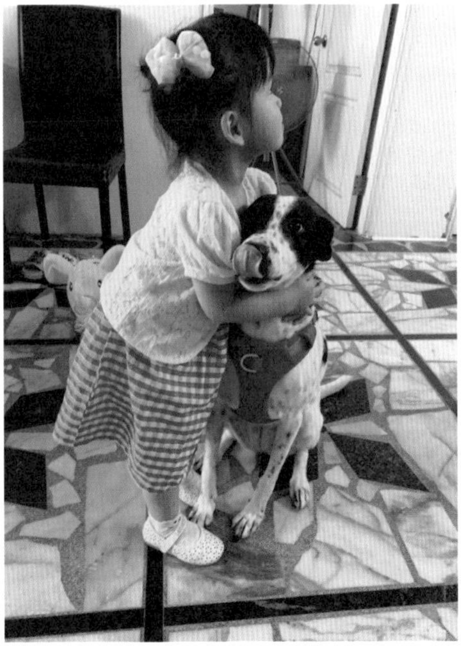

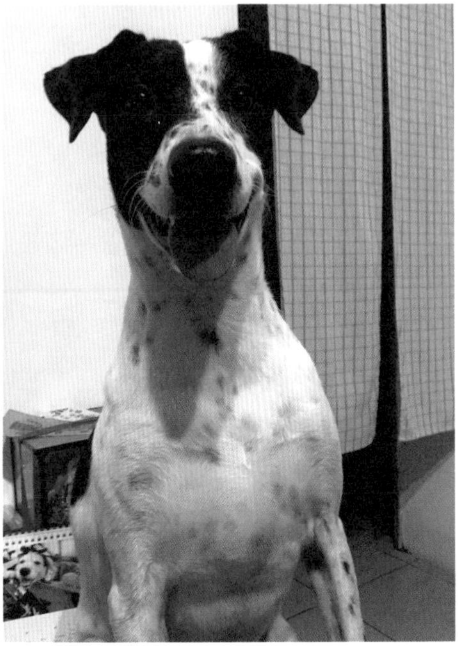

看見她那天眞的樣子我知道，她會這樣是因爲童年都在綑綁中度過⋯現在，她只想把過去幾年沒玩的份通通補回來！但這樣活力旺盛到失控的孩子，卻成爲我們中途前三年認爲最難帶最難送養的孩子了⋯記得她在店裡等家的那段期間咬傷狗、咬傷人、被她撞腫撞黑青都是經常有的事⋯。

有次牽她散步，嚕嚕看到附近有台車剛停好下來了一隻狗，這傢伙說時遲那時快的衝往那隻狗，拉著牽繩的我，手差點脫臼不說，還被她當成風箏一起發瘋似地往前衝⋯。

雙手緊緊抓住牽繩的結果就是讓嚕嚕激動地眼珠突出、吠叫得口吐白沫⋯（看起來眞的很恐怖⋯）等對方都走好遠好遠了，嚕嚕還持續這個瘋狂狀態好久好久⋯直到她停止下來我才癱軟跌坐路邊，記得⋯那是我第一次遛狗遛到哭⋯完全被她嚇到，覺得這樣怎麼送養⋯。

讓嚕嚕受訓學習身心穩定

無可奈何之下，只好拿出那一年我們的旅遊基金送嚕嚕離開浪浪別哭，先回狗園學習與狗相處，接著再送她進入學校練習對環境減敏。花了半年的時間好不容易改掉了她在路邊看到狗會暴衝的問題，但因爲長期積累的問題，還是

掃 Qrcode
看嚕嚕的回家影片！

掃 Qrcode
追蹤嚕嚕的幸福生活！

改善不了她在店內看到外來狗會太過激動的現象…這讓嚕嚕根本無法在店內等家，此時眞不知道該怎麼辦…。

好在，奇蹟再次出現，浪浪台北店的資深店員—BOBO，告訴我今年她要結婚了，和老公將有自己的空間，而從她兩年前進入浪浪的那一刻，就決定將來等自己準備就緒後，要帶走一隻我們送不出去的「問題狗」。

我們放心地把嚕嚕交給BOBO，因爲我知道兩年來在店裡看過大風大浪的BOBO，專心照顧嚕嚕絕對措措有餘，中途路上，眞心感謝這些即時出現幫我們「解圍」的領養人。感謝他們願意穿透外在表相，了解這些所謂的「問題毛孩」仍然是那樣值得人來疼愛。

謝謝BOBO，謝謝所有領養問題毛孩的人，感謝你們願意把回家的機會讓給大家都看不上的他們，而這同時，也是讓我們能夠繼續幫助下一隻毛孩！

Just keep walking！

09

浪 小囧

遇見視她為唯一的領養人

懂事但命運多舛的小囧

小囧嬌小的身材配上小短腿，往往讓人忘記她已經是成犬、甚至還當了媽。溫馴的小囧，在浪浪店內非常照顧小狗們，總是讓小狗恣意攤在她身上、把她當枕頭大睡，也從不亂吠與搶食。

如此溫柔又親狗的她，總讓人有個疑惑，為什麼小囧「看起來」很親人、很有家教，卻總是偷偷地跟在客人後面、不敢正面邀玩討摸？雖然平常也會跑到門口迎接，但等到客人想摸她、跟她互動時，小囧又緊張兮兮地閃躲呢？其實…這跟小囧的過去有很大的關係。

小囧曾經是家犬，當地餵養浪浪的愛媽在某天發現，小囧開始在外頭晃蕩，一開始以為只是改為放養，結果好多天了，小囧都沒能進到家門裡，而且日漸消瘦…。

之後愛媽再注意到她時，竟發現嬌小的小囧不但懷孕了，而且已經接近臨盆時刻，小囧…每天拖著大肚子，依然不停的在家門徘徊…。

她不知道自己到底做錯了什麼？爲什麼主人不再讓她進門了？她不斷走啊繞啊，就是不願意離開家附近…第一次生小孩，小囧驚慌失措，她找到了一個隱密的涵洞，在裡面獨自生下了七隻小幼犬…。

不斷地分離變成心中陰影

愛媽於找到小囧一家時，七隻狗狗已經被撞死一隻…，其中一隻被當地居民領養走，剩下五個孩子連同小囧，被愛媽全數帶回家中途。到了一個新環境，小囧表現得十分緊張害怕，全身簌簌發抖著…不敢吃也不敢喝，愛媽花了好一陣子才讓小囧慢慢卸下心防接受她，但好不容易習慣的愛媽家，卻又被逼著「北漂」到台北店等家。

這對單純的小囧來說，又讓她再次懷疑自己是不是又做錯了什麼…爲什麼信任了一個人以後又得再次被送走，小囧開始什麼都不敢做…因爲她深怕再次做錯…。

在浪浪的她，對每個人都保持著禮貌的距離，對客人的撫摸來者不拒，看似溫順乖巧的她，但身上卻似有一層無形膜，始終讓人無法眞正地靠近她…那層膜在緊束著她，時刻再告誡自己…「不可以犯錯，因爲犯錯會被送走」。在小冏短短的狗生中不斷經歷著痛苦的分離，也因此讓她小小年紀就長出認命的個性…。

但若仔細觀察…不難發現小囧經常投以羨慕的眼光看著能肆意亂玩的幼犬，幼犬那種天不怕地不怕，更不怕犯錯被丟掉的天眞模樣…是小囧從來無法享有過的童年…。

小囧需要一個能好好呵護，讓她能放心不再被丟棄的家…，畏怯的心之下，是小冏對愛的深深渴望，有人疼，她將能不再隱藏…。

遇見願意費心磨合的領養人

等家將近一個月後，徐皮出現了，他是一個音樂人，去他家進行家訪的時候，也有了「應該很藝術家」的心理準備，但實際見面，說實話內心是嚇一跳的。

高高瘦瘦、看起來酷酷的，他從那個像洞穴一般的黑暗房間走出來迎接我們，

伴隨著不知道是什麼的沉沉音樂，心想：「這樣的人跟害羞又膽小的小囧眞的適合嗎！？」內心不禁感到一絲不安。

但隨著我跟徐皮越聊越多，發現徐皮性格其實很細心，本身已經養了一隻貓的他早有照顧動物的經驗，因爲空間夠大的關係，他也規畫好小囧的個人空間（犬貓隔離）、而且工作型態的關係，能夠陪伴小囧的時間很長。

在家訪時我們也再三強調小囧的害羞與膽小，徐皮仍說：「沒關係，我相信再給她一點時間，一切會更好的。」他說他有大把的時間與耐心，可以跟這隻囧臉小狗好好磨合。

問他爲什麼小囧不理他，他還是想領養小囧？

徐皮認眞的說：「當天在浪浪看到有人在摸小囧，心裡立刻浮出一句話：快把你們的手從我的狗身上拿開！」

回家的那一天，小囧開始滿屋子的找地方逃（還被突然出場的墨鏡嚇死）、緊張得亂大便，甚至完全不給徐皮摸。

掃 Qrcode
看小囧的回家影片！

回家的幾天後，小囧就開始開始亂翻垃圾桶作怪、調皮跳到窗台上，被罵時還傻笑以對！種種出人意料的「失控」，讓徐皮無奈又好笑，但這也證明，徐皮的疼愛，讓歷經滄桑的小囧，終於能做回眞正的小孩！

當初還擔心著小囧一家六口數量這麼多，很難替他們每個都找到家吧…轉眼間，小囧一家六口分散北中南都擁有了屬於自己的家。

不久的將來，他們一家將會再相見帶著各自的人類爸媽，訴說著彼此現在過得多麼幸福～～）

CHAPTER 4

同心協力才能幫助更多浪浪

救援浪浪並不是件容易的事，需要社會大衆的關心與同心協力，才能杜絕更多浪浪的產生…。透過此章節，一起來了解默默救援浪浪的愛爸愛媽們的景況，以及在路上遇見浪浪時，你可以做的正確處理，絕對能幫助這個社會越來越好，讓浪浪越來越少。

分店拓展的原因與困難點

浪浪別哭的第三個家成立

在寫這本書的同時，浪浪別哭的台南店也開幕了，這是浪浪的第三個家，一個在台灣，眞正能夠屬於他們的地方，也總算是完成我們第一階段的所有目標。

四年間，我們開了三間店，不過和其他商家開分店的觀念有些不同，別人或許是哪裡有人潮往哪裡開，而我們則是一路往南，一直往人口越少的地方去開。

很多人問過，爲什麼不選擇在台北，這是我們的家鄉，也已有很多支持民衆的地方把店開更大（或者開分店）？我們的想法是只在一個地區的話，我們能夠觸及到的領養人一定有限，而且因爲實踐「以領養流浪動物，代替購買品種動物」這件事一定要在台灣各地蔓延開來，絕不是墨守在一個熟悉的城市做，就能看到效應的。

浪浪
別哭

每開一間店就會遇到的狀況

理想是這樣，但因爲距離的關係，實現的過程確實艱難，我們必須離開舒適圈不說，也必須在短時間內訓練起可接手的人員，當然經營這樣的店不只是建立餐廳出餐的SOP，還有許多動物的的問題需要掌握和瞭解，因爲將動物維持在最佳狀態，才能幫助他們用更快的速度找到家，也才能空出位置，繼續幫助下一隻浪浪。我們在開立店面時，常遇到送養不順的問題，而這些可能來自於：

❶ 夥伴觀察力不夠敏銳

我們希望送養的能力，不是只集中在自己身上，而是強迫自己，把距離拉開來，這麼一來，才能讓其他同樣對流浪動物有熱情，有能力的夥伴學習如何讓自己也有能力送養。

但要達成這個目標眞的很困難，時常會發生遠水救不了的狀況，例如：經常拿到不夠好的送養照片及送養文案，但在台中的我根本沒有近身和狗貓相處過，無法要他們寫下同樣生動的文章，而動物也會因爲沒辦法得到有效的曝光而卡住送不出去。

這時候需要想想，怎樣能教導夥伴用更好的方式，有效地每日替浪浪產出能用的送養文（照），因爲距離的關係，讓我不能不想教，逼著我必須想出能夠讓夥伴複印我能力的方法。

如何用網路文章幫助浪浪被關注？

貼文形式	目標
出生經歷	初步了解
取名字	網友參與、增加互動
個性凸顯	找出動物有特色的地方，形塑強烈的個性
聯想	形塑角色
可憐事蹟	引發同情心，留言互動安慰
圖像先決	拍到有趣照片，配合照片下合適的文案
弱點變優點	讓來看動物的人，能先預期動物缺點的緣由，更有同理心和包容心

❷ 夥伴經驗不足，不會教狗

如果在中途期間替小狗建立基本規矩，將有利於小狗們更好找家，但一般工作人員不會有像我們這麼多的時間在店裡，以及也沒有這麼多經驗足以去判斷每隻小狗不同的狀況、應該要用什麼樣的方式來引導，但要每一個工作人員都能夠應變又談容易？有時候聽台北夥伴講到狗狗狀況，但又沒有親身相處過，眞的也很難改善，很多時候眞恨不得有自己的分身在現場⋯。

針對這部分的問題及狀況，最後我們決定，由最了解店內環境和限制以及帶狗經驗最豐富的腦闆把拔去進修各種相關訓練課程，吸收更多正確的知識與做法，整理出店內經常遇見的狀況，該如何應變的各種方法，傳授給各店店長，再由店長去教授給其他工作人員。

❸ 突發的走失狀況

除此之外，也曾發生過幾次狗狗走失事件，以前只有台北店的時候，若接到領養人的狗走失，我們都能在第一時間加入搜救現場，但距離拉開後，時常只有乾著急的份⋯。就像在前面章節裡提到的，因爲客人出入沒關好門而讓浪浪逃脫的情況。

給狗狗的漸進式學習（幼犬・1 歲半以下）	
在店內的準備事項	1. 吃飯練習，可跟進籠一起搭配練習 2. 進籠練習 3. 撫摸練習 4. 控制情緒練習跟遊戲一起搭配練習 5. 遊戲 6. 散步練習 7. 定點大小便練習
適應期	適應期約三天至一週（需依照原本媽媽的個性推斷）
熟識期	熟識期約一至兩週（需依照原本媽媽的個性推斷）
練習項目	適應期前期先認名字、可接受撫摸
	適應期的後期可開始進行的學習 （來、坐下、趴下、等等、OK、休息等指示）
店內常見狀況以及反應措施	1. 玩得太過激烈 2. 追咬手、腳 3. 要求你給他東西 4. 不敢出門 5. 不敢被碰觸 6. 新狗來臨時的狀況 7. 進籠練習

給貓咪的漸進式學習（幼貓．1歲以下）	
在店內的準備事項	1. 用拍立得，寫下到店日期、性別、年紀、姓名。 2. 需詢問先前飲食習慣（吃乾糧？ 罐頭？ 是否會挑食？（一天幾餐？）是否有特定廠牌？（水碗記得要大過貓的鬍鬚） 3. 親人嗎？ 可觸摸嗎？ 4. 與狗、貓接觸的情況。 5. 有無特定討厭的人、事、物（如：討厭長條物品、討厭小朋友等等） 6. 排便、排尿情況（老是亂尿尿可能是貓砂盆不夠大、或有特定喜愛的貓砂、上完廁所老是甩手就可能是貓砂太髒）。
	幼貓到來，不親貓時如何處理？（通常為同性會互相有敵意） 1. 帶進前七十二小時左右，先使用費洛蒙。 2. 先隔離在別的房間。 3. 如果原本就有貓咪，先限制任何視覺上的接觸。 4. 若沒有別的成貓時，每天給他幾個小時離開隔離的房間探索並且鼓勵（肉泥獎勵），再回到原本隔離的房間。 5. 穩定後，將原來的貓咪限制在某房間，讓新貓自由探索。 6. 建立互動關係，比方維持距離讓每隻貓都是舒適的，但每次最多五分鐘，需定時觀察每隻貓咪的反應、逐漸移出分隔。
適應期	適應期約三天（大部分幼貓八週大左右就會接觸人類，慢慢開始親人） 包含收容所、中途愛媽、路上撿的
熟識期	熟識期約一週（大部分幼貓八週大就會接觸人類，慢慢開始親人）

給貓咪的漸進式學習	
練習項目	1. 觸碰練習 2. 餵藥練習 3. 遊戲 4. 互動
店內常見狀況以及反應措施	**1. 搶食** 使用益智玩具讓貓咪自己去找食物，或用雷射筆轉移，但轉移後要讓貓咪能得到食物（飼料）。 **2. 不想被摸** 這時請客人不要摸他，以避免受傷，因為主動靠近的貓咪並不一定是想被摸，要看狀況，最好是摸十秒後放開，看貓咪是否想繼續被摸。 **3. 客人抱貓** 對貓不熟悉的客人容易被抓咬傷，大多是抱的方式不對或貓咪不想被抱，但主動跳上客人身上不算。 **4. 睡覺時不能被打擾** 貓咪休息時間不夠時，容易造成他的焦慮以及壓力，造成打人或抓人的狀況。 **5. 客人餵食** 通常我們會在店內註明「不餵食」，因為每隻貓的狀況不一樣，亂餵食會導致身體不適。 **6. 胃口** 小幼貓的胃口一定要極佳才正常。

很多主人是「不見棺材不掉淚，總以爲這種「衰事」不會發生在自己身上，但因爲我們送養數多，自然遇到意外的機率也高很多，所以除了發生事情後會用一些方法把狗找回來以外，我們也盡可能理出走失原因，希望能回到憾事發生之前做預防，例如：

❶ 送養前一定植晶片，且三年不轉移晶片資料給領養人

這是對流浪動物的最後一層保護，並設下「若惡意棄養會有金錢罰則」的規範，這麼做是避免若不幸選到不好的領養者，讓動物被惡意棄養，只要晶片是我們的名字，就算飼主不想養，也會因爲怕被我們發現而好好退還給我們，即使眞的被棄養，若被人撿到的話，我們也能帶回。

❷ 動物回家前，強制領養人選購正確遛狗工具

建議狗狗用胸背、貓咪用外出籠，因爲如果沒選擇合適的工具，就非常容易讓貓狗在移動過程中發生意外而演變成逃脫走失。我們也發現許多領養人對於選擇正確工具沒有太完整的觀念，在替動物準備用品時，習慣以好不好看爲主要考量。爲避免憾事一再發生，我們都規定領養人一定要照我們規定的購買這類有關安全性的工具。

平時就算在家，也要爲狗貓戴上項圈，項圈上必須有刻連絡方式的吊牌，曾經

很多領養人也對此提出疑問，在家還要戴？狗貓戴著項圈很不舒服耶……。

但其實已經不止一次，我們就曾聽到送養出去的狗正是從家中跑出去而走失，跑出去的狗通常狀態都是很緊張的，若他們身上什麼都沒有掛，看起來會讓人以爲只是一般流浪狗。即使狗沒這麼怕人而且有植入晶片，也還是要戴項圈，因爲不是每個人都那麼有心，會大費周章帶狗去獸醫院掃晶片的。

❸ 替膽小狗加裝GPS並隨身攜帶

這一點是爲了若眞的發生走失意外，才能用最快的速度找回！因爲找動物時最痛苦的事情就是像在大海裡撈針，平日看起來平淡無奇的街景，讓你在找動物時會覺得變得像迷宮叢林一般，你會發現很多不可思議的地方竟然都可能讓動物躲藏進去。

而膽小的動物在外面若走失，也會因爲太過緊張而失去理智，此時就算是照顧很久的人在叫他，能讓他自動出現的機率都是極低。因此，很多時候因爲搜尋時間過長，動物在外時間太久而發生了難以彌補的憾事，有鑑於此，後來我們都替店內中途動物加裝GPS，領養人若領養的是膽小狗，我們也會要求領養人要購買相關商品，以保障動物安全。

把上述的事情都做好做滿，相信動物走失的機率能減少一半，但人生無常，難免還是會有意外，那麼如果動物真的走失該怎麼辦呢？在這邊提供完整的「走失協尋SOP」：

走失協尋SOP	
WAY 1 **印製協尋傳單**	內容需附上照片並註明狗貓的特徵，例如：毛色，性別，晶片號碼，有無外傷，走失地點時間等等，越詳細越好。
WAY 2 **傳單張貼地點**	傳單可張貼在獸醫院以及寵物用品店，一般店家都願意幫忙的。
WAY 3 **上網求助**	將協尋資料PO到各大動保網站。
WAY 4 **張貼協尋傳單**	請當地清潔隊張貼協尋傳單，要付費，但絕不能自行張貼，會被開罰單。
WAY 5 **社區力量**	可請社區巡守隊或是里長幫忙注意
WAY 6 **房屋仲介**	請當地的房屋仲介業務協助幫忙（房屋仲介的工作性質，便是穿梭在各區的大街小巷，或是深入住宅區）。
WAY 7 **定時留意**	將傳單送至各區的流浪動物之家以及捕狗隊，每天上動物之家的網站上留意。
WAY 8 **最佳時間**	在黃昏或是早晚，是一般人較會遛狗的時間，去失蹤地點附近繞，多問問遛狗的朋友，有問就有機會。
WAY 9 **全面搜尋**	可至走失附近的警察局調監視錄影機，看看有沒有拍到狗狗，確認他的方向。

最後是很重要很重要的重點提醒！找狗找貓一定要有耐心和恆心，絕不能輕言放棄，曾經看過一個眞實案例，過年期間時，狗狗因爲鞭炮聲被嚇到掙脫牽繩逃跑，主人用盡辦法在三十天內不斷尋找並請大家協尋，但從來沒有人發現狗狗身影，大家都以爲這隻狗狗一定凶多吉少了，都在猜或許早在路上被車撞死並送去清潔隊回收，才會毫無音訊，但沒想到三十天後被熱心網友通報，在走失地點附近橋下的涵洞發現了狗狗身影，最後狗狗被找了回來！

除了幫浪浪找家，我們還想做更多

不過一間滿滿是浪浪的中途咖啡館裡，其實還不止上述的情況會發生，還時不時的會有這個動物生病、那個動物把自己腳玩到扭傷⋯等等各種大大小小事件，也好在當地都會有愛爸愛媽協助，若是他們自己帶來店裡送養的動物有狀況時，愛爸愛媽都會第一時間到現場帶動物看醫生，以排除狀況，也會在有人申請領養時參與家訪及送養，後續追蹤。

浪浪別哭與愛爸愛媽們分工合作，我們提供地方中途動物，努力替動物曝光找家，愛爸愛媽救援後將動物帶來浪浪，持續負責突發狀況及後續送養追蹤，靠著分工合作，我們得以走出台北，逐步把這個模式帶到其他城市。

台中店開了第四年後，統計送養數量是翻倍成長，這也證明了到其他城市開店的策略奏效了，我們眞的成功地幫助了更多浪浪回家！

計劃開台南店後，一直有許多其他縣市的朋友問我們會不會去他們的城市開店，但目前我想台南店應該會是最後一間，因爲開這樣的店眞的很燒腦傷神，而

且每開一間店，我們都是舉家遷徙，一家大小的搬到那個地方Long stay。

這是因爲需要我們自己去深入民情，找到理念相同的愛爸愛媽合作，以及訓練當地的工作人員，都不是我們去一下就能搞定的事情。而且在北中南都已設點，當地民衆其實要前往領養路程也都能控制在一小時以內到達，這樣也已經達到開分店的意義了。接著除了照顧好這三間店，持續送養以外，我們還有其他計畫……。

浪浪別哭——台北店 TAIPEI

巧玟
陳巧玟
浪浪別哭

浪浪
別哭
1

浪浪別哭——

台南店 TAINAN

浪浪別哭
讓我陪你等家

幫助守護浪浪的人就是幫助浪浪

幫助浪浪但不求回報的「愛爸愛媽」

因爲開這間店的關係，結識了許多「愛爸愛媽」。所謂的「愛爸愛爸」，指的是一群在社會各個角落幫助流浪動物，但不求回報的人。會成爲愛爸愛媽的人都有一個共通點，就是幾乎心都很軟（甚至太軟），而且通常不太爲自己著想及打算，經常能夠看見愛爸愛媽口袋裡明明只有一百塊，但他們會不顧一切地把一百塊掏出來幫助流浪動物看醫生，甚至再跟醫院賒帳另外五百塊的醫藥費……。

所以時有所聞，許多愛爸愛媽爲了救援流浪動物，弄到自己傾家蕩產的事件，也因爲心軟，無法拒絕其他人大量的請求救援，動物越收越多，照顧壓力越來越大，最後搞到照顧的人精神崩潰，身體被壓垮也是常見的事情。

像是斷糧、籌不出醫藥費、收容數爆量、被家人不諒解、送養不出去的各種窘境，一直重覆發生在這些願意幫助流浪動物的人身上。

因爲開了這間店，我們認識了救援班的洗車場陳大哥與愛媽佩婷。陳大哥經營的洗車場位在於三重蘆洲的交界處，面積約百來坪，除了停放汽車的空間，洗車場其他的零星空間都被他們用來安置從各地救來的流浪動物，數量最高時約莫有三十隻狗在此中途。

同時養三十隻狗，到底有多忙碌呢？陳大哥是這麼解釋的：「一袋十八公斤的飼料，兩天就吃完了。有一段時間，我幾乎每隔幾天就要開車去大賣場買飼料，一週就要開好幾趟車去補糧。」

最大包裝的飼料只夠供應犬隻兩天共四餐，這還只是吃飯，隨之而來的屎尿問題更是驚人，無論多勤奮著打掃、多努力維持清潔，車場永遠充斥著一股騷味。有時候洗車的客人不喜歡動物，一進去聞到狗味或聽見狗吠，掉頭就離開的狀況也不是沒有，即便如此，陳大哥也沒有放棄浪浪。最後，在我們和陳大哥他們的通力合作下，終於逐步減量，目前已經減至十餘隻左右。

雖然還是容易心軟、接手很多隻人家「好心送來」的浪浪，但陳大哥他們開始把中途的、狀況較好的浪浪送來我們這裡，逐步減量、縮編。多年的中途經驗讓他們知道，超收宛如一個黑洞，會逐漸吞噬中途人的經濟與自由……。

不止找家，更陪浪浪們一起回家

多年來，我們一同聯手送養，終於騰出手來的他們，逐漸成爲浪浪別哭在台北的最強後盾！無論是犬貓前置的中途作業、送養後的短暫寄宿，甚至遭到退養時的緊急接應，都是由他們負責，每天每天下班後，就在運送這些貓貓狗狗，在點與點之間奔波。

其中，他們更負責一項重要任務，那就是「家訪」。

他們是浪浪們的眼睛，負責替浪浪篩選最佳主人，雖然幾乎忙到沒時間睡覺，他們仍舊堅持每個領養人都要家訪兩次：一次看環境、一次正式送養。

記得有一次去家訪，那是一隻預備要送養的狗。坐在後座的我，看著陳大哥在等紅燈的時候，轉過身跟等待送養的狗狗說話，「去新家要乖蛤！」溫柔地交代著，揉揉他的頭。

隨後帶著狗狗上樓，陳大哥和佩婷兩個人默契十足地開始檢查家中環境、並且帶著狗狗在家四處走一圈，然後跟認養家庭做簡單的安全宣導，我看著他們細細地說著那隻狗的個性、習慣，好像一對面臨孩子即將遠行的父母。

有許多的放不下、卻也帶著一點驕傲，狗狗在一旁傻笑、對著滿屋子的人翻肚討摸，「他就是這樣啦！誰摸都好！」佩婷笑著說，陳大哥也在一旁附和。他們的開心如此眞切，就像自己又完成了一次任務、又一次讓原本在街邊受苦的孩子們，擁有被愛的機會。

世界上眞有人可以爲了貓狗付出一切，並且不斷堅持下去。即便因此日夜舟車勞頓，他們仍舊不以爲苦。

這種「憨膽」，讓我們敬佩、也讓我們爲他們緊張，中途的路迢迢無盡，深怕他們哪天累得撐不住⋯。雖說用了三年半的時間送出把一個一個滯留洗車場已久的孩子慢慢的送回家（班班、妞妞、啾咪、胖虎、吉利、芙芙、蝴蝶⋯好多好多孩子都有了家）。

小黃，便是長居在洗車場的狗兒之一，第一次看見他，可能會先被他沙啞的叫聲嚇到，那是因爲出過車禍的他，顏面神經受損、連帶影響他無法張開嘴，於是他的吠叫就像含了顆滷蛋—低沉、沙啞，含糊不清，反而更讓人懼怕。

陳大哥照顧浪浪的細心與溫柔

陳大哥說，小黃的視力因爲年老與受傷，已經幾乎全盲，所以他的性子容易緊張，習慣以大叫壯大自己。但其實，小黃是隻無比撒嬌的狗。每次陳大哥在忙，就會看到小黃矮小的身影，靜靜佇立在一旁陪伴著。

而小黃因無法張嘴吃飯，陳大哥更發明了「寶特瓶灌食」的方法，每當吃飯時間一到，一人一狗默契十足的就定位。小黃乖乖坐好、拉長脖子，並且努力撐開嘴邊一小條縫，陳大哥便將寶特瓶口塞入，藉由瓶口小洞把特製晚餐「灌」入。

記得他曾開玩笑地對小黃說：「所有的狗就你這麼嬌貴！還要我一口一口餵！」但動作卻是無比溫柔地，一邊灌食、一邊注意小黃有沒有嗆到。陳大哥說，他們經費並不充裕，無法給小黃這種特殊病況的狗很高級的飲食與設備，只能用寶特瓶「將就將就」。但我從小黃的眼裡，卻沒看見任何不滿每天兩次的餵食時光，讓我看見人狗之間深厚的感情⋯。

這些狗都是最普通的米克斯，像小黃又老又病，還因爲眼盲有些神經質，但在陳大哥眼裡，小黃就是個永遠需要他手把手照顧的孩子，他說：「我能餵他

救援，
不是爲讓孩子繼續受苦
而是想帶他到更好的地方
Make the world a better place.

一天，就會一直餵下去。」

總還有些像小黃這樣的孩子，因爲送養條件不好而遲遲等不到回家的機會，雖然無法讓他們全數都來到店裡等家，但我們始終不敢忘記他們，一直把這些孩子放在心上。

我一直思考著，爲什麼好人有好報這件事晴，似乎一點都沒有應驗在這些愛爸愛媽身上？因爲看了很多，我們也一直在構思能用什麼模式和企畫去給予愛爸愛媽協助，讓他們調整腳步，回歸到正常的管道，能持續幫助更多流浪動物，而不是只是給予一次的捐糧或捐款，但下個月又變回一樣的窘境。

希望給浪浪、愛爸愛媽都有更好的生活品質

這兩年來不斷在苦思著、嘗試各種方法，想改善陳大哥的處境，也想讓剩下那些「不夠討喜」但仍舊值得被愛的孩子也能得到更好的環境，而不是日夜都只能待在悶熱發臭的小房間裡看不見未來的希望。

與陳大哥提議國外送養時，第一時間他其實非常猶豫，因爲陳大哥曾經聽過很多國外送養，送去後是完全無法追蹤消息⋯⋯。

後來我們找到了國外合作送養的協會，當他們知道陳大哥的擔心和洗車場狗兒的處境後，他們告訴我們他們願意一起替這些狗兒找家，更願意也讓陳大哥也能夠在送養後繼續追蹤情況。

這時，陳大哥才終於放寬心，開始與我們討論起專案的細節。

在得到陳大哥的同意後，我們找來了訓練師，幫每隻狗狗做分級訓練；找來設計師，爲洗車場量身打造改建計畫；從零到有，我們一步步聯手規劃，而且洗車場裡還有著許多年老或者殘疾的狗，從與他們相遇的那一年起，就很希望除了幫他們送養和減量外，還能替他們做些什麼，還能替洗車場那些送養條件不好、終日只能窩在小房間的孩子做什麼？

爲了讓他們更能兼顧工作、理想以及生活品質，我們依據對他們多年的觀察與了解，使用了線上分店中「支助愛爸愛媽」的商業模式，替他們進行了一場改變人與狗生活品質的企畫。

醞釀了兩年後，這計畫終於上線了，也很感動在短短一個晚上就達標，甚至還額外替陳大哥募到了整個洗車場都加上遮雨棚，能讓他在更舒適的環境下工作。

記得當初我們找來設計師要規劃改建時，請陳大哥提出他的需求，陳大哥想了好幾天，在某次採訪時拿出一張紙，上頭密密麻麻寫了一堆小字。他很謹慎地在每一區都做了標註，狗房、貓房以及他一直很想做的放風區。

「這樣會不會太多？」

「這樣會太貴嗎？」

他的臉色帶著緊張，深怕給團隊帶來太多麻煩，然而我卻注意到他的設計圖裡，在「工作區」那一塊打了一個大叉。

「這裡是我工作的地方，跟中途狗貓無關，所以⋯」

（這也是爲什麼我們沒有把雨遮放在主要計畫裡的原因）

老實的陳大哥，聽到改建，內心只想著怎麼讓他的一批貓狗可以過得更舒服，佔地將近洗車場一半的中途區域，他是這麼盡心盡力地規畫著，然而剩下一半的、眞正可以爲他帶來獲利、維持生活經濟的工作區，陳大哥卻從未想過要「順便」改一下。

我們跟他說，希望陳大哥把所有的想法說出來，畢竟我們一開始做這個專案，就是想要「給人與狗更好的生活」，在我們的想法裡，也唯有照顧浪浪的人把生活過好、經濟無虞，才能有更多的體力去做這些事！

於是陳大哥才吞吞吐吐說出，他想做一個雨遮。因爲汽車美容是個體力活，他們把洗車場可以遮陽的地方都劃給了浪浪們，夏天時他們總只能頂著豔陽工作，更加重的工作的疲憊感；雨天更是直接影響了生意，沒有一個足以擋雨的大雨遮，也降低了客人的光顧意願。

「不願意麻煩別人」這個想法，就像陳大哥與佩婷這些年照顧著浪浪們一樣，他們總是親力親爲、不假他人之手，就算再困難，也不願意隨意接受捐款和幫助，但很開心他們願意接受這個計畫。

計畫結束至今快半年，洗車場的環境大大改善了，現在，狗舍與貓舍都是通風明亮，地上有氣孔以及良好通暢的排水系統，洗車美容的空間與狗狗的活動空間也明確切割開來，狗狗不再需要等待到洗車場打烊後才能出來放風，狗兒們擁有了一片專屬的綠地，隨時隨地可以在上面奔跑，這環境提供了一直找不到家的浪浪們一個更像家的環境，同時也因爲計畫找到家的一些狗，空出了更多的空間。

而陳大哥與佩婷也有心力持續幫助更多浪浪中途，更棒的是！在環境的改造下，他們工作起來更輕省快速了，現在，他們甚至能在洗車場放假的時候帶著狗兒們出去小小度個假，人與狗的生活，在這個計畫之後有了大大的提升與改善，而集資超標的金額則讓我們拿來運用在台南店的建設，這是一個很棒的結果。

路還很長，正在受苦的浪浪還有很多很多，作中途就像一場遠得看不到盡頭的馬拉松，重點不是跑得多快、而是能否持久⋯⋯。

掃 Qrcode
一起共襄盛舉！
幫助浪浪

你的關心與幫助，能讓計畫更長久

流浪動物問題是人所造成，生爲「人類」的一份子，像陳大哥與佩婷這樣的愛爸愛媽很多，他們犧牲自己的時間、金錢，付出你想不到的一切去照顧浪浪，平衡了那些棄養傷害動物的惡人，讓這個世界不至這麼令人失望。

我們很開心能夠透過這個模式、這個計畫，實質的幫助他們，此後我們也將在這樣的模式下，持續帶大家認識更多那些只需要我們輕輕一個幫助，他們就能幫助更多持續幫助浪浪的愛爸愛媽。

我們希望大家透過這些專案明白，照顧這些願意投入守護浪浪的人也是十分重要的事，若這些照顧流浪動物人垮下，他們手上的浪浪以及本來能受他們幫助的流浪動物也會一起垮下。

幫助這些幫助浪浪的人，就是幫助更多浪浪！

你也希望盡一份力嗎？可以掃上面的QRcode，這裡就有個共襄盛舉的起頭！

救援浪浪不能只是撥電話、傳訊息

四年來，每天一定都會收到的訊息，不是店裡的訂位，更不是領養，而是「求助救援的訊息」⋯。

「有一隻流浪貓需要幫助，但是我無法帶她去看醫生也無法收養她，在伸港工廠這裡，請問有辦法去帶他們呢？」

「您好，我人在屏東，撿到兩隻幼貓，貓媽媽不知道去哪，很久沒出現想請問是否能送到您那邊，讓牠們有個找到家人的機會？」

「我同學在花壇鄉的補習班闖進一隻貓如果明天還在的話不知道可不可以請你們幫忙？」

各式各樣的求救訊息⋯一天最少會收到三到四個，四年下來眞的無法計算到底收到了多少。每天除了店務及照顧動物、找家送養以外還得一直接收大量令人難過又無力的訊息⋯眞的一度令我感到痛苦又疲憊⋯。漸漸地，我發現，很多的求援人其實不懂得怎麼幫助流浪動物，其實「光幫他發個求援訊息是不夠的」，他們並不懂得一隻浪浪被救援回來需要醫療、需要安置、需要社會化訓練，而且每隻浪浪狀況都不同，有時候中途只需要幾天，有時候可能動則幾年…甚至到老死，這些並不是求援的人打通電話，交給能幫忙的人就是沒事了…。

爲了長期救援的愛爸愛媽們，我們讓大家知道，幫浪浪求援前，求援人該知道的一面！若你眞心想幫助流浪動物，請試著了解這一切。

在此也跟許多求援者抱歉，浪浪是一間中途咖啡館，著重於自給自足生存及送養，一直以來無法滿足每一位求援者的需求，不是我們不想做，而是流浪動物很多，再怎麼有心，資源總是有限，我們只能做自己能力範圍能做到的事，盡量做持續做。

而每一個有心幫助流浪動物的愛爸愛媽也是一樣的，在台灣，流浪動物不是誰的責任，但也是大家的責任。想幫助流浪動物的你，請彎下腰一起做，做自己做得到的事，合起來的力量才大！

路上遇到浪浪時，如何正確幫助他？

我一直相信，愛爸愛媽可以做到的，一般人也可以做到！尤其是，一般人一年裡恐怕也只會撿到那麼一兩隻小貓小狗，但是愛爸愛媽或中途，一年裡會遇到的小貓小狗，十隻手指頭也數不完。所以如果每個人都能伸出手，做自己作得到的事，合起來的力量才會大！

那麼，如果你撿到浪浪該怎麼辦呢？

第一步：請先帶他至醫院檢查有無晶片，身體有無異狀，並替狗貓做簡單的體內外驅蟲，視情況打預防針及其它檢查手續。成犬成貓會先做絕育手術。

第二步：若家中可以暫時收容，先帶回家，或者可以花費寄宿在醫院．若都不行，暫時原地餵養。

第三步：幫狗貓拍照上網送養，也可找有認養活動的地方送養。

第四步：若狗貓的送養條件低，一直送不出去，至少將狗貓絕育後原地放養。

掃 Qrcode
遇到浪浪怎麼辦？

以免產生更多的無辜小生命。讓流浪到他爲止！

千萬千萬要替長期從事救援的愛爸愛媽著想！若是接手的人因爲壓力過大，收支不平衡、支撐不下去了，整體來說豈不是更糟嗎？願意救援流浪動物的協會、個人中途，再怎麼有心，資源總是有限。最好的方法就是請您親自救援、安置您遇到的那一隻浪浪，這樣才能提供他比較好的照顧品質！只要願意，一定每個人都可以照顧好一隻動物的！

善用網路平台，幫浪浪發聲

遇到流浪動物時，你該怎麼送養呢？首先，你可以替他拍照、寫故事，並且PO上網。現在網路上都有非常多相關平台可以發文，可多善用搜尋關鍵字「流浪動物」、「送養」等等找到相關平台替他們持續發文曝光。

這些年，我看過許多個人中途，利用這樣的方式幫自己救援的流浪動物找到家，雖然花了很多時間、雖然看似路程很艱辛漫長，但我看見了「每一隻能回家的流浪動物背後，都有一個不肯放棄的中途」。請掃此頁左上方的QRcode，可以看到我們製作的影片，帶你了解「遇到浪浪怎麼辦？」

結語

目前我們店內配合的送養人，在和我們合作之前，大多送養管道都是國外，一方面是因爲在台灣沒有曝光管道，米克斯很多而且沒有體型優勢更沒有品種優勢的狀況下，單靠自己網路發文方法，送養成功的機率非常渺茫。若運氣好眞的送出去了，也會有相當高的機率遇上棄養或者退養…更糟糕的是，還遇上領養人不見或者虐待動物的事件…。

這些國內送養不好的經歷可說是時有耳聞，因此我們在北中南遇見的愛爸愛媽幾乎都不約而同說：「送台灣我就是不放心，台灣人待狗待貓的觀念太差了！根本不重視生命！而外國人不同，他們的觀念普遍來說都比較好、素質都比較高，這和從小到大的教育及環境有關，台灣沒很難達到的啊！」

不得不承認，愛爸愛媽們所說的是眞的…這些年來我們遇見想領養的人，一開始對養動物就有完整和正確的觀念的人眞的不多…而我想這也是台灣的棄養事件層出不窮的主因，在飼養前對飼主沒有任何篩選與防堵機制，源頭毫無控管的結果，延伸出的當然是源源不絕的問題…。

但我想，我們的價值則能發揮在這個時候，我們送養的不只是一隻正在找家的流浪動物，還有教育每一位「想要領養的人」，審愼評估自己是否眞的合適照顧一隻動物，以及把每一個好與不好的事件，用心記錄起來，透過網路的傳播讓更多人能參與其中。

曾經，我們也迷惘，這樣一隻又一隻慢慢送要送到什麼時候？好不容易送養一隻出去的同時，在台灣的各個角落又早因棄養或飼主沒讓狗貓結紮就放養，而出生更多更多的小狗小貓⋯⋯。很多時候都覺得我們就像「愚公」，做著看似很愚蠢的事情，想要對這糟透的現象能有所撼動，但好在，在這條路上總是遇到許多人慷慨地給予我們鼓勵與回饋，讓我知道我們做的事雖傻，可是的確紮紮實實、一點一滴地在改變世界。以下節錄網友們的分享：

「因爲浪浪別哭，本來著迷於漂亮品種的我，也因此領養了一隻浪浪。慢慢才發覺外表原來並不是最重要的考量，因爲最重要的原來是，讓無家可歸的牠們得到幸福，牠們也會用盡全力的讓你每一天都過得快樂無比」

——網友Ping Ping Hui

「認識浪浪別哭一段時間了，你們爲浪浪寫的每一個字，拍的每一張照片，都是在扭轉一般人對浪浪的既定印象，讓大家能夠更接受他們，進而給他們一個溫暖的家，眞心感謝你們爲浪浪所做的每一件事。我平日會餵食和假日到動物之家陪浪浪，你們的行動讓我更關心流浪動物議題，並且勇於分享給周遭的人一同來關心。很高興浪浪別哭要來臺南開店了，祝福更多的浪浪能夠找到家，擁有疼愛他的家人。浪浪別哭，加油！」

——網友 Yiyin Chen

「二〇一九年六月我的先生和孩子救了一隻兩個多月的米克斯，一輩子沒想過養狗的我！因爲心軟我帶你回家了！！謝謝我的多多～讓媽媽對你的小愛～慢慢變成大大的小愛！開始在我能力範圍內捐款浪愛回家！幫助更多需要幫助的毛孩！也開始注意浪浪～謝謝你們的付出！！這條路好漫長！因爲浪浪一直都有！新的一年希望所有的飼主都能做到～說好的不離不棄！請就一輩子！少有所依！老有所終！傷有所置！」

——網友 Shelly Huang

「你們做的這些事情，其實默默的改變我對流浪動物的關心，以前可能覺得路邊的浪浪很可愛，就只是摸摸他們就離開，但是現在已經了解蠻多的，就會知道其實不只是摸他們餵他們而已，也許有經濟能力可以的話就是想辦法別讓他們只是在路邊流浪！眞的很感謝你們所做的事情！看著你們做得越多，讓我更想盡一份微小的力量做點什麼！試著改變我身邊的人的想法，至少能對浪浪友善一點，雖然我覺得還有很大的進步空間！但是希望對浪浪的愛心持續下去！

——網友 Anny Kuo

一步一腳印，讓浪浪別哭深耕全台灣，因爲「以領養流浪動物，代替購買品種動物」，這件事一定要在台灣各地蔓延開來！如果，你對我們做的事情有些感動，你能夠用以下的方法一同參與：

〔領養〕

〔成為客人〕

〔贊助浪浪生活物資〕

最後，在浪浪別哭的每筆消費都將有3%捐助給TNVR助紮計畫，包含：

台北捐助單位－相信動物（社團法人台灣懷生相信動物協會）
台中捐助單位－台灣之心愛護動物協會 HOTAC
台南捐助單位－社團法人台南市流浪動物愛護協會

幫助流浪動物其實一點都不難，你我都能幫助浪浪！

讓我陪你等家

來自浪浪別哭的領養故事，終養不棄養的無悔約定

作者	浪浪別哭（照片、插畫提供）
主編	蕭歆儀
封面與內頁設計	MIKO RYUU
印務	黃禮賢、李孟儒
出版總監	黃文慧
副總編	梁淑玲、林麗文
主編	蕭歆儀、黃佳燕、賴秉薇
行銷總監	祝子慧
行銷企劃	林彥伶、朱妍靜
社長	郭重興
發行人兼出版總監	曾大福
出版	幸福文化／遠足文化事業股份有限公司
地址	231新北市新店區民權路108-1號8樓
粉絲團	https://www.facebook.com/Happyhappybooks/
電話	(02) 2218-1417
傳真	(02) 2218-8057
發行	遠足文化事業股份有限公司
地址	231新北市新店區民權路108-2號9樓
電話	(02) 2218-1417
傳真	(02) 2218-1142
電郵	service@bookrep.com.tw
郵撥帳號	19504465
客服電話	0800-221-029
網址	www.bookrep.com.tw
法律顧問	華洋法律事務所 蘇文生律師
印製	凱林彩印股份有限公司
地址	114台北市內湖區安康路106巷59號
電話	(02) 2794-5797

初版三刷　西元2020年6月

國家圖書館出版品預行編目(CIP)資料

讓我陪你等家：
來自浪浪別哭的領養故事，終養不棄養的無悔約定／浪浪別哭著
-- 初版. -- 新北市：幸福文化, 2020.04
面；　公分
ISBN　978-957-8683-91-4（平裝）
1.動物保育 2.文集

548.38　　109003143